演奏会留影（2016 年 5 月 9 日）

家中留影（2017 年 8 月 31 日）

琴棋春秋

——我的音乐生涯60年

吴育绅

著

中国工人出版社

图书在版编目（CIP）数据

琴棋春秋：我的音乐生涯60年／吴育绅著. 一北京：中国工人出版社，2017.9

ISBN 978-7-5008-6812-5

Ⅰ.①琴… Ⅱ.①吴… Ⅲ.①吴育绅一自传 Ⅳ.①K825.76

中国版本图书馆CIP数据核字（2017）第221664号

琴棋春秋：我的音乐生涯60年

出 版 人 芮宗金

责任编辑 李 丹

责任校对 赵贵芬

责任印制 栾征宇

出版发行 中国工人出版社

地 址 北京市东城区鼓楼外大街45号 邮编：100120

网 址 http://www.wp-china.com

电 话 （010）62005043（总编室） （010）62005039（出版物流部）

（010）62382916（职工教育分社）

发行热线 （010）62005996 （010）82075964（传真）

经 销 各地书店

印 刷 三河市文通印刷包装有限公司

开 本 710毫米×1000毫米 1/16

印 张 17

字 数 250千字

版 次 2017年10月第1版 2017年10月第1次印刷

定 价 42.00元

序　一

悠扬的琴声激励人的奋进，精湛的棋艺陶冶人的情操。在中央芭蕾舞团近六十年的辉煌历程中，有一位优秀的音乐家，他就是原中央芭蕾舞团交响乐团著名中提琴演奏家、教育家吴育绅先生。

作为新中国培养的第一代中提琴演奏家，吴先生曾长期担任中央芭蕾舞团交响乐团中提琴声部首席，后又担任交响乐团团长，其间还一直在中央音乐学院等院校任中提琴教师。他所带领的中芭交响乐团成功演绎了众多经典保留剧目，举办了各种类型的音乐会。他精心培育的几代优秀中提琴演奏员，均就职于各大交响乐团。作为一名德高望重的演奏家和教育家，吴先生的教学著作为推动中国音乐事业的发展做出了有益的贡献。

如今年近耄耋的吴先生仍心系艺术的发展，为中国交响乐教育事业不懈地努力着。中芭为能有吴先生这样优秀的音乐家而骄傲！通过此书我们可以看到吴先生真情实感的流露，看到他对中芭的热爱、对音乐事业的不懈追求、对学生们的孜孜教诲和殷切期盼。让我们带着对他的美好祝福，一同走进他精彩的“琴棋春秋”！

中央芭蕾舞团团长、艺术总监　冯英

序　二

应邀作序，荣幸之至，这是我与育绅大兄的缘分。我俩第一次见面是在 1964 年的全国棋类锦标赛上。那次全国比赛是围棋、中国象棋、国际象棋三个项目同时进行，在杭州六公园的华侨饭店足足搞了一个月。那个年代三项棋比较弱小，平时比赛少，一搞就大张旗鼓地搞。半个多世纪前的情形，回想起来真是恍如隔世。

当时育绅代表北京队参加国际象棋比赛，但他竟然不是北京队的在编队员，而是中央芭蕾舞团的在编中提琴手，这着实令人称奇，成为参赛棋手们的热门谈资。我当时 15 岁，就读于上海青少年体育学校，进专业队是我那时的目标。见到育绅这样的成功大哥，并且是“双枪将”，我就格外尊敬了。

第二年，国家围棋队正式组建。它与集训队的最大区别在于，调来的队员是调入行政编制的。我很幸运，在那一年刚调入上海队三个月，就又上调北京了。不料正当踌躇满志之时，就遭遇了“文化大革命”。起先还只是训练大受干扰，不久就波及项目本身，围棋项目成了“封资修”[①]，队伍被迫解散，包括我在内的 7 个“种子”被下放到北京的工厂当工人。

① “封资修”指封建主义、资本主义、修正主义。

然而，塞翁失马，焉知非福——这个厄运却成全了我和育绅的神交。我有缘接触到“固定调”“首调”“视唱练耳”“乐章主题”等全新领域，懂得了汽车鸣笛声的音高要素。而且我小时候就对小提琴充满憧憬，当然就忍不住“利用”一下育绅这个近水楼台。而对于育绅来说，天上掉下个围棋老师，恐怕也是未曾梦想过的，他的棋瘾和棋力随之大涨。我俩亦师亦友，不会再有比这更加贴切的概括了。

育绅大半辈子的棋瘾都在围棋上，国际象棋得了个全国二十几名后就金盆洗手了。其中原因，书中的描述十分精彩。而今我另抛破砖，博行家一笑。都知道管乐、键盘乐的音高是事先设定好的，演奏者不能突破。这和国际象棋、中国象棋的性质有相通之处，如老帅不能死，车的战斗力最大，士不出九宫，等等，都有规则，不能突破。而围棋规则至简，棋子不分等级，自由落子，最后以全局占地多寡决定胜败，是平等自由的局戏。弦乐特别是提琴，也有类似围棋的无拘无束，育绅钟情围棋有没有这层因素呢？

浏览书稿之后，我的最大感受是，育绅非常幸福。育绅从小就喜欢音乐，而且他有素质，肯努力，也有机遇，最后成为大家，为热爱的事业添砖加瓦，可谓人尽其才，发挥了正能量。能够享受这种模式，是最幸福的人生。

兴趣爱好是人生的重要内容，能够使之丰富多彩，充实有益。兴趣爱好还是一种目标，是工作之外的另一种追求。“有目标的人更健康”，已经成为现代社会常识。可以说，育绅的健康人生受益于围棋，今天被让九子，就要琢磨上手凭什么？被让到六子了，又要想办法怎么升到让五子、四子？这个过程就是享受人生，也是一种脑运动。“生命在于运动”，这话脍炙人口，道理不错，我认为还应该加上“生命在于脑运动”作为补充和完善，而兴趣爱好就是很好的脑运动。

成功人士留下个人的历史很有意义。他们的成功经历无论可否复制，起码档案价值毋庸置疑，一般而言，也有励志的功效。成功人士的个人历史，往往是相关事业的重要组成部分，记述成功人士的经历也是反映相关事业的一种视点。

育绅将亲身经历形成回忆录，这是将幸福的感受与大众分享，将感恩的心情回馈于社会的自然反应。整本书反映出了健康平和的心态，恰如其人之平素，而文风尤为朴素，实事求是，可读性强，必须点赞。

北京围棋基金会理事长　华以刚

目 录

琴

音乐之路的启程 / 002

我的妻子薛学行 / 008

我的儿子小中和小央 / 015

我的姐姐们 / 026

中芭乐队的四位老指挥 / 035

芭蕾舞剧音乐与中提琴声部 / 041

中芭乐队的几位铜管演奏家 / 046

中芭乐队的木管声部 / 052

指挥家卞祖善 / 057

老友金以宏 / 062

师兄姜克 / 066

老大哥李文泽 / 070

大提琴家孙宝琪 / 073

作曲家程恺 / 080

小提琴家夏三多 / 085

中芭的四位画家 / 089
出访欧洲 / 093
台湾之行 / 097
两次担任指挥 / 100
两次担任乐队首席 / 104
司徒兄妹 / 108
隋克强教授和赵惟俭教授 / 113
中提琴家何君恒 / 118
翻译《中提琴艺术史》/ 124
三届中提琴演奏会 / 131
两位“老学生”/ 138
第一位中央音乐学院附中的学生 / 143
解放军艺术学院的学生们 / 148
中央民族大学的几名学生 / 151
三位摇滚青年 / 156
刘勇 / 162
宋丹秋 / 166
张金春和他的中提琴独奏音乐会 / 170
三位来自社会的学生 / 177
两位记名学生 / 182
这十年教过的孩子 / 186

棋

从沈阳到北京 / 194

1964 年的全国棋类比赛 / 200

认识围棋　喜欢围棋 / 205

两盘没有下完的棋 / 212

百花奖围棋邀请赛和首都文艺界围棋联谊会 / 217

中日文艺界围棋交流（上）/ 223

中日文艺界围棋交流（下）/ 228

“棋圣”聂卫平 / 234

刘文龙与卜大炜 / 238

赵玉生与武兆宁 / 242

网上下棋 / 248

后记一　也说说我老爸 / 252

后记二　琴棋春秋 / 257

琴

音乐之路的启程

1952 年，我从沈阳师范大学附属小学毕业，考入沈阳市第十七中学。入学不久后，学生会改选，我被选为学生会文艺部长。直到毕业前，我一直担任这一职务。

1955 年的一个夏日，学校里教音乐的杨申如老师把我叫到办公室，给我一张音乐会的票，让我去看当晚东北音专附中的演出。当时我对音乐并不感兴趣，但因为是老师的安排，也就从命了。

那天下午，我先去学校参观了校史馆。那时的东北音专，校舍是建成不久的崭新楼宇，琴房、音乐厅、宿舍、食堂一应俱全，看起来很是壮观。在校史展上，我看到了延安时期的毛泽东、朱德、周恩来、任弼时等人与学校师生的合影，颇有大开眼界之感。

原来，这所学校的前身是延安鲁迅艺术学院（简称“鲁艺”），曾经的学院领导有成仿吾、吴玉章、周扬等，后来鲁艺迁到了东北，其中的音乐部分出来成为东北音专。这是一所中学大学连读的学校，学制是高中四年、大学五年，院长是作曲家李劫夫先生。

那时候，我就读的十七中学只有初中部，学校的教学楼也很破旧，跟东北音专相比起来，简直是天壤之别。晚上的音乐会更是让人耳目一新，有小提琴、长笛、二胡独奏，弦乐四重奏，钢琴四手联弹，还有独唱、小合唱、大合唱，这是我第一次到音乐会现场，看得我如醉如痴。之后，我又听人介绍说，读这所学校，学费、住宿费、伙食费全免，这对我可真是挺有吸引力的，我当时就下决心要投考东北音专。

后来我才知道，那一天的活动，其实就是东北音专招生办举办的，意在吸引我们这些中学生前来报考。

我当时的文化课成绩还不错，几乎全部是满分。考试成绩单上记载着：语文 5 分，俄文 5 分，几何代数 5 分，物理 5 分，地理 5 分，历史 5 分，体育 5 分，音乐 5 分，化学 4 分，美术 4 分。

可现实的问题是，我什么乐器也不会啊！

这时我忽然想起我的二姐夫，他在长春的时候曾经跟一位日本音乐家学过小提琴，后来到沈阳办了一家音乐传习所。我决定去找他学习小提琴。

我在二姐夫的音乐传习所学了一个月小提琴，拉《霍曼小提琴基础教程》第一册，然后就去参加考试了。音乐基础理论的笔试、口试，我的成绩都是优秀，但就是小提琴演奏的水平太低了，记得主考老师听完都笑了。

等到 8 月发榜的时候，我们班有四位同学非要跟我一起去看榜。他们的名字我还记得，分别是葛宝仁、关树人、王来洲、郭吉宾。对于考东北音专这件事，我虽然心里没底，但也不担心，因为以我的文化课成绩，可以去沈阳二中读高中，那也是一所名校呢！

那一年，东北音专在全国设了四个考区，分别在上海、大连、哈尔滨和沈阳，其中沈阳考区录取 11 名考生。我正溜达着看榜，一起去的同学大叫起来：“有你！有你！”我们凑过去一看，我的名字下面还有个括号，括号里写着“专业：二胡”，这可太让我意外了！同学看到学校的环境后，特别羡慕地说：“什么专业都行啊，这么好的学校！哎呀，你真是太幸运了！”

我清楚地记得，在上一次去听的音乐会上就有二胡独奏，是一名高一学生演奏刘天华的《良宵》，很好听。既然我要学这个专业了，余下来的暑假时间里，我就去找二姐夫教我拉二胡。他算是个音乐多面手，什么都会一点。

结果到了开学的日子，到学校的乐器室领乐器的时候，老师发给我的居然是一把小提琴。我很诧异，心想老师弄错了吧？老师看我神情有异，问：“你是不是叫吴育绅？”我说：“是。”老师说：“签字，把乐器拿去吧。”我当时十分激动，因为从内心深处来说，我还是更喜欢小提琴。

我的第一任主科教师是靳延平教授，他从小在哈尔滨师从俄籍教授特拉赫·田贝尔格学习小提琴，但我只跟他学习了一年。

1956 年，我升入高二。有一天，附中校长徐惠民教授找我谈话，希望我改学中提琴。

我问：“为什么要改学中提琴呢，是我的老师对我不满意吗？”

徐校长笑了，说：“不是的。我们新请来一位中提琴专家，要开设中提琴专业了。你们班四名学小提琴的孩子中，有三名都是女生，相对来说手小，身体也弱些，你来改学中提琴比较合适。再说，你可不要认为改学中提琴吃亏了，这个专业目前还没有专业人才，将来无论是毕业留校当老师，还是到艺术团体当演奏员，都有更多机会，小提琴可就不然了……”

就这样，我遵从校长的安排，从1956年开始，跟着俄国老师依基尔·德贝尔学习中提琴。德贝尔老师身材高大，性格却很和蔼，从来不对学生发火。如果你回课达到了他的要求，他就会给你多留一些作业。如此这般，我便习惯于每次回课都让他满意，我学中提琴的兴趣就越来越高。1957年，全国开始了反右运动，德贝尔老师就移居澳大利亚了。

1958年“大跃进”年代，我也跳了一级，从高三直升大本，那时学校已改名为沈阳音乐学院，院长依然是作曲家李劫夫先生。对于这个名字，今天的人们可能不熟悉了，但他的作品，像《我们走在大路上》《歌唱二小放牛郎》《革命人永远是年轻》等，在当时真是家喻户晓。记得有一天上午，我正在一楼的琴房里练习《马头琴之歌》，没想到李劫夫院长推门而入，对我赞扬了一番，原来他路过此处，在门外听了好一会儿了。

在德贝尔老师离开中国之后，我跟着王德荣教授学了一段时间的小提琴。我印象比较深刻的是，王老师指导我练习了拉罗的《西班牙交响乐》小提琴协奏曲以及莫扎特第三、第四小提琴协奏曲。

待到1961年，关庆武毕业留校担任中提琴教师，我又到关庆武班上继续学习中提琴。其实关庆武是我的师兄，在附中时比我高两年级，在我之后一年跟德贝尔老师改学中提琴，但是毕业比我早。

然而，我和关庆武学习的阶段很快就结束了，原因是我的女友薛学行态度鲜明地反对。以前关庆武没有改学中提琴时，和她同为阎泰山老师的学生，所以她对关庆武比较了解。薛学行说：“每次老关回课的时候，阎老师都很不满意。你跟他上课？我看还是算了吧。我帮你找了王德荣老师，王老师答应你到他那里继续学习。但是王老师对中提琴教材不是很熟悉，你得自己挑选一些作品来练习。”

1962 年，我读大四，参加了沈阳市三项棋类比赛，获得了国际象棋冠军。当时的辽宁省棋队和黑龙江省棋队都希望我能加入，做一名专业棋手。黑龙江省棋队还特意派出曾获得全国比赛亚军的张东禄，专程到沈阳来与我商洽。我当时也挺想当专业棋手，但这必须要学院领导同意才行，于是我陪着张东禄去找李劫夫院长。

记得李劫夫院长在一栋漂亮的独栋小楼里办公，他听了张东禄的来意后，明确表示不同意。他说："中提琴这个专业的人才，目前国内非常匮乏，各大交响乐团和音乐院校都很需要，怎可半途而废？再者说，吴育绅已经得到沈阳市冠军了，也算棋界高手了，我看不需要再去专门下棋了吧？"我跟张东禄只能悻悻而归。

在 1963 年的毕业考试中，我演奏了中国乐曲《闹元宵》《草原上》，外国乐曲《格鲁吉亚舞曲》《浪漫曲》和布宁 G 大调协奏曲。那次毕业考试是在学院大礼堂进行的，薛学行特意坐在评委后面，把我的演奏从头到尾听完了。之后，她对我的表现大加赞扬，说发挥得相当不错。

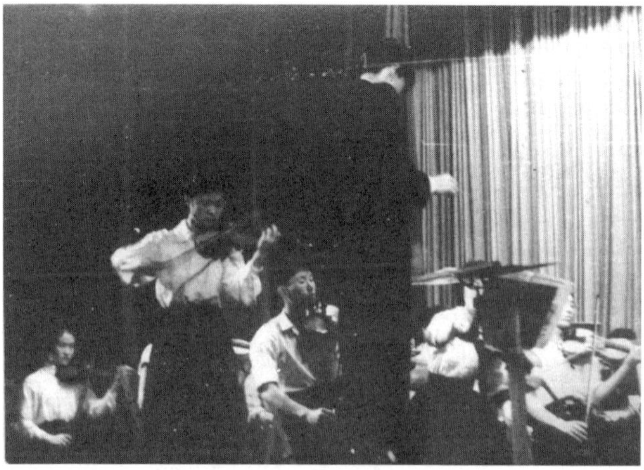

薛学行在毕业演奏会上独奏（1963 年）

事后的某一天，有一位老师提起这次考试，无意中说道："你那天演奏得确实不错，可惜关庆武给你打了 3 分，否则你不会只评为 4+ 分的。"

结果，在我们那一届毕业生里面，只有薛学行得到了5分，我是4+分，李晰[1]是4分，甚至还有得3分的。

就在毕业考试结束后的不久，有一天，学校人事处的老师找我和薛学行去办公室谈话，告诉我们一件意想不到的事。他说："那天你们的毕业考试，辽宁歌剧院的领导和交响乐团的指挥首席都来听了，从咱们这届毕业生里面挑中了三名学生，有你们俩，还有李晰。我们知道你们俩在谈恋爱，这是很好的结果。可是就在昨天，我们又接到文化部来函，指名要吴育绅去北京，到新成立的北京舞蹈学校实验芭蕾舞团（即中央芭蕾舞团的前身）去。现在就得你们自己来做选择了，是两个人一起去辽歌呢，还是一南一北？在这个问题上，学校会尊重你们的意见。"

那个时候我的想法很简单，当然是选择两个人在一起，干吗要劳燕分飞呢？可是，薛学行明确表示让我去北京。她说："你去了北京发展，以后我也有可能去。但是如果我们都留在沈阳，就再没机会到北京去了。"这时，老师在旁边提醒说："想进北京工作可不是件容易的事，你们最好考虑好再做决定啊。"薛学行说："如果三年我还不能有机会调进北京，你再回沈阳也行啊。"

正是由于薛学行的坚持，我来到了北京，在中央芭蕾舞团整整工作了41年，直至退休。而后来成为我妻子的薛学行，最终在1973年调入北京电影乐团，虽然比她预计的晚了7年，但不得不说，在我们人生的大走向上，她的把握是很准的。

① 李晰毕业后被分配到辽宁省歌舞团，后来调到山东省艺术学院任教。

我的妻子薛学行

我的妻子薛学行是浙江金华人，从杭州铁路小学毕业后，进入江西南昌铁路中学初中部学习。1954 年，15 岁的薛学行千里迢迢地来到辽宁沈阳，考入东北音专附中学习小提琴。

薛学行为什么要离家那么远去读书呢？原来，南昌铁路中学的音乐老师认为她是学习音乐的好材料，便推荐她上音乐学校，而那时候讲的是“好儿女志在四方”，薛学行的父母又都在铁路系统工作，坐火车有免票的优势，于是她就跑到遥远的东北来了。

薛学行在学校先后师从王德荣、阎泰山、特拉赫・田贝尔格教授学习小提琴，高中四年、本科五年的成绩全部都是优秀，又恰逢 1958 年“大跃进”年代，于是从附中直升本科。那时候，艺术院校的外语是选修课，我们系只有她一个人选修了英语，也只有我一个人选修了俄语。

1959 年，小提琴协奏曲《梁祝》问世，并由俞丽拿在上海首演。不久，辽宁电视台也播放了这首乐曲，当时就是由薛学行现场演奏的。那时候没有录像设备，是在演播厅直播的。

1963 年大学毕业的时候，薛学行是我们系全年级唯一一名 5 分学生。同年 6 月，指挥系一位同学的毕业考试是指挥学院乐团演奏门德尔松的小提琴协奏曲，请了优等生薛学行来担任小提琴独奏。遗憾的是，我当时正在丹东参加辽宁省的三项棋赛，当晚赶回来直奔演奏厅，听到的是乐曲的结尾，看到的是薛学行在师生们热烈的掌声中多次谢幕。

薛学行之所以能够在小提琴艺术方面取得一定造诣，与她遇到的三位老师密不可分。

王德荣老师也是我的老师，为人谦和，和蔼可亲。他以鼓励为主的教学法也深深地影响了我。

阎泰山老师是一位出色的演奏家，曾经在莫斯科世界青年联欢节上荣获小提琴演奏金奖。他的教学理念是从严要求，一丝不苟，薛学行去上课的时候，多次在门外听到他因对学生演奏不满而发火。

特拉赫·田贝尔格是一位俄籍教授，资产阶级出身，十月革命后举家出逃，先是沿着远东铁路来到哈尔滨，接着到中央音乐学院任教，后来苏联正规系统派来了专家，李劫夫院长就把他请到了沈阳音乐学院。他还担任过圣彼得堡交响乐团首席，与我的老师依基尔·德贝尔一起在日本东京开过音乐会。

薛学行的家庭可谓传奇，其跌宕起伏的历史完全可以写成一本书。她的父亲早年是左翼文人，与阳翰笙、丁玲等人过从甚密，曾在鹰厦铁路沿线办教育，在上海任《文汇报》副刊总编辑，后来加入了中国共产党；她的母亲出生于大户人家，属于新派洋学生，早年保持着好几项浙江省女子田径纪录，新中国成立后一直在铁路小学当老师，工资比校长还高，平时又爱提意见，直言快语得罪了领导，于是在1957年反右运动中被打成了右派。

那个年代很重视家庭出身，右派子女是一定会受到牵连的，更不要说我的岳父还有历史问题。薛学行在家里排行老大，有一个弟弟、两个妹妹，由于家庭出身不好，只有她一个人接受了高等教育。

薛学行大学毕业后被分配到了辽宁歌剧院，“文化大革命”期间，辽宁歌剧院全体人员被下放到盘锦五七干校劳动，不久大部分人都返回了沈阳，只有薛学行等几个人一待就是六年。

后来，为了解决我们夫妻的两地分居问题，薛学行来到北京报考各个文艺团体，演奏的是帕格尼尼No.20随想曲和门德尔松协奏曲。听过她拉琴的人都认为她的业务水平没得说，但是一到政审环节，就谁也不敢要她了——那可都是首都的文艺团体啊，政治上要绝对可靠才行。

进不了北京，那就去别的地方吧，只要一家人能够在一起。当时听说辽宁省朝阳市成立了歌舞团，我们都动了去那里的念头。1972年，我陪薛学行回金华照顾病重的岳母。岳母病逝之后，我俩顺路到杭州投考杭州歌舞团，记得我们分别演奏了帕格尼尼No.13和No.20随想曲。歌舞团领导对我们的演奏很满意，表示愿意发函给辽宁省文化厅商调薛学行来杭州工作，但是他们无法向文化部发函，因为当时我所在的中国舞剧团（因为“芭蕾”这个词太“封资修”了，所以北京舞蹈学校实验芭蕾舞团在“文化大革命”中改为此名）是样板团，从那里调人是完全没有可能的，我们只好放弃了这次机会。

随后，薛学行又来到北京投考各个文艺团体。北京新影厂早年有一个乐团，在“文化大革命”中变得七零八落，人才大量流失。薛学行投考新影乐团的时候，正赶上周恩来总理作出指示的大背景，大意是说在八个样板戏之外，电影艺术也应该上马。那时薛学行前来报考，团里很欣赏她，向文化部连打了四次报告，将她作为担任首席和独奏演员的重要人才引进。在那个年代，把她和两个孩子的户口一并办入北京，是一件多么难的事情啊！1973 年，我陪薛学行到了沈阳，之后辗转盘锦办手续，从此，我们全家人得以团聚。这对我来说是刻骨铭心的记忆。

薛学行从小就喜欢运动，上学时体育课的各项成绩都很好。在院里的运动会上，她是管弦系女子 4×100 米接力选手，还夺得过冠军。我比起她来就要差一些了，只能参加 100 米计算竞赛，就是跑到 60 米时解一道数学题，做完题后再继续跑到终点。我还记得那道题是 11×11=？这也太容易了，我不假思索地一挥而就，结果也跑了个第一名。

正在拉小提琴的薛学行

薛学行热爱生活，年轻时喜欢跳舞，并且具有相当水平。当年我们排演芭蕾舞剧《巴黎圣母院》的时候，有一段交谊舞表演，排演老师觉得那些芭蕾舞演员跳不出交谊舞的感觉，还特意请薛学行去示范。

薛学行还喜欢文学，年轻时读了许多世界名著。这个爱好也影响了我们的两个孩子——小中和小央的语文成绩都非常好，在中学时就自己办文学刊物，写小说、写诗。可以说，文学兴趣是薛学行留给两个儿子最好的礼物。

薛学行的性格开朗率真，眼睛里容不得半点沙子。20 世纪七八十年代，国家物资匮乏，家具、自行车等都是凭票供应。当时我教学生音乐，非常需要一台钢琴，我的棋友葛康同是一商局的党委书记，帮我弄到了一张买钢琴的票，不过这张票却被我的另一个棋友李洪洲半路劫走，拿去送了人。

事情是这样的。当时首都文艺界成立了围棋联谊会，葛康同、李洪洲和我都是办事人员，作为秘书长的洪洲负责跑外联，很多事情需要得到北京市领导的支持。有一天，洪洲听市长秘书说起自己的女儿在学钢琴，特别想买一台钢琴，就把那张票拿去给了秘书。说到底这也是为了联谊会办事方便，但是薛学行很不理解。有一次，洪洲到家里找我说事，中午留下吃便饭时，薛学行就在厨房弄出乒乒乓乓的响声，以表示对洪洲的不满。洪洲当然明白，自我解嘲地说："老薛这是在演奏锅碗瓢盆交响曲给我听呢。"

中央芭蕾舞团隔壁就是中国歌剧舞剧院，那里也有不少喜欢下围棋的人，其中有一位弹钢琴的老先生柯大谐常来找我下棋。时间久了，薛学行就有些烦了，脸色就不怎么好看。她说："这个说只找老吴下一盘，那个也说就下一盘，可是加起来就不得了了，还干不干正经事了？"当时团里的宿舍紧张，我们都住在办公楼里，各家的情况从走廊里一看就一目了然。柯大谐每次来到我们院里都不敢直接上楼，总是要问问从五楼下来的人："薛老师在不在啊？"

薛学行喜欢钻研，事事都要求得甚解——做饭要看菜谱，做衣服要看裁缝书，家里买了新电器总是要对照着说明书把功能都弄清楚。她还喜欢新鲜东西，直到六十多岁的年纪了，还经常逛商场买回一些新奇的产品。

除了喜欢新鲜事物，薛学行的思想观念也很新潮。比如，她常说："家里什么最值钱？就是地方，一平方米就值好多钱。所以，咱不能让破烂儿把地方占了。"在这方面我跟她的想法不一样，我总觉得"破家"值万贯，过日子就要勤俭为本。达不成一致意见，薛学行就趁我去上班的时候，把一些用不着的纸盒子什么的扔掉，而我下班回家在楼下看到，就又给捡了回来。

前面提到，薛学行的主科教师之一是俄国小提琴家特拉赫·田贝尔格教授。俄国小提琴学派的教学理念是金字塔形，强调根基宽广牢固，一步一个脚印地向上发展。无论是什么水平的学生，进门后都要从头练起，培养扎实的基本功；无论是什么作品，都要练习到能够背奏的程度。

薛学行师从田贝尔格教授那段时间，不仅学到了演奏技巧，也被这种教学法深深影响，在后来的教学活动中，她对学生的要求也是非常严格。

我四姐的女儿王玫玫，原本是由我来上课，有一次我去香港演出，就由薛学行代课。没想到她对这位外甥女毫不留情面，才上了五分钟的课，就把人家说哭了。

我的一位学生张安祥，属于基本功很好的学生，但在薛学行面前也很紧张，上课前总要悄悄问一句"薛老师在吗？"要是薛学行不在，他拉琴就很放松。因为要是薛学行在家，搞不好我们在这边上着课，她就会从另一个房间冲过来，一脸严肃地指出问题，要求他把刚才的乐句重新拉一遍，甚至连我都捎上："你要求这么不严格怎么行？"

薛学行因病于2007年3月3日去世，享年68岁。在最后的告别时刻，我们努力营造一个怀念大于悲痛的氛围——现场播放的音乐是门德尔松的小提琴协奏曲，电子屏幕上打出的大字幕是"在音乐中永生"。薛学行身穿白色衬衣和黑色长裙的演出服睡在花丛中，身边是一把小提琴，我在上面亲手安装了一套崭新的进口琴弦。

我想，我的妻子薛学行一生不喜墨守成规，总是希望生活中有改变带来的惊喜。在这样的气氛中跟家人和朋友们告别，应该是老薛乐意看到的。

我与老薛在九寨沟留影（2006 年）

我的儿子小中和小央

我的两个儿子，早先我给他们取名叫小中和小央，是希望他们和我一样，一生奉行中庸之道，不偏激，中正平和。后来，小儿子嫌小央这个名字难听，大名就改叫吴小华，大儿子小中则遇高人指点，改名为吴胜钟。

那时候文艺团体里的子弟，大多从小学习音乐，长大了子承父业。这么做是有原因的。当时的孩子们中学毕业后都要上山下乡，要是会个乐器，好歹也能混进毛泽东思想文艺宣传队，总比在大田里干农活轻松点。

我们一家人（左为小央，右为小中）

小中是从五岁开始学琴的，初期是我和老薛给他上课。学了几年之后，小提琴家夏三多主动提出要教他，这可真是个好消息，于是小中就开始跟三多上课。

有这么一句话——“学音乐的孩子没有童年”，这话是很对的。当时的小学生虽然没有现在的小学生这么忙，但作业总是有的，每天除了上课、写作业，剩下的一点时间都要用来练琴，这对孩子来说是很残酷的事。每天早晨要早起，在上学之前打着哈欠先练琴一小时，下午放学回到院子里，刚想跟小伙伴在院子里玩一会儿，就被我们在楼上看见了，赶紧叫回来练琴，那真是三步一回头，恋恋不舍啊！

记得有一次，小中被评上了三好学生，我和老薛决定给予他物质奖励，问他想要什么，小中不假思索地说：“我就要一天不练琴就行。”听他这么说，我和老薛都很意外。我们对视了一下，心里不约而同地有了一个念头：这个孩子这么不喜欢拉琴，要不就算了吧。

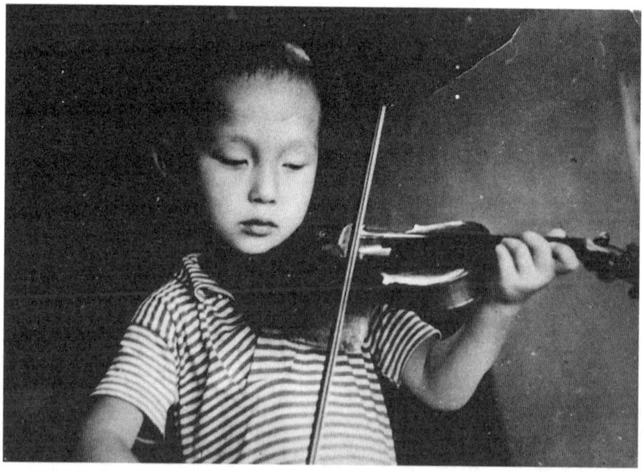

拉提琴的小中

那时候已经是1987年，国家早已恢复了高考。我和老薛特别认真地跟小中谈了一次话。

我们告诉他，拉提琴是我们俩唯一会的一门手艺，本来是想教给你的，现在你实在不想学琴，那就好好读书，将来考大学吧。不过我们得先说好，将来有一天你后悔了，可别埋怨我们。

小中说，我不会埋怨你们的。

就这样，小中结束了他五年的学琴生涯。那时候他的练习曲已经拉到菲奥里洛了，乐感和音准都不错，我相信他再练习两年，就可以成为一名合格的乐队演奏员，这让我和老薛觉得有点可惜。

其实，学音乐也罢，学别的技艺也罢，兴趣都是最重要的。当时我和老薛都还年轻，特别是对自己的孩子“恨铁不成钢”，在练琴的要求上过于严厉，使这一学习过程变得并无乐趣可言。但我对别的学生并不是这样，而是一向以鼓励为主。一位苏联教育学家说过——“鼓励是使人进步的唯一方法”。现在我也教一些小朋友拉琴，态度是很和蔼的，还在家里给他们准备了巧克力和乳酸菌饮料。小中看见了就说，你早先怎么不这么教我呢？如果当初是这样的态度，没准我现在也成提琴家了。

小中的学习一向很好，中学六年就读于一所很好的学校——北京师大附中，高中的时候就出版过自己的作文集，毕业后直接被保送进入中国人民大学新闻系，之后做了一名电视编导。

但我深信，小时候的音乐学习对小中这一生都是有益的。在高中的时候，他自己写过校园歌曲，还刊登在了《歌曲》杂志上。工作之后，他告诉我，在编辑专题片、纪录片时，他几乎从来不请音乐编辑做音乐，都是凭着自己的理解来配乐，我相信这与他接受过长达五年的专业音乐训练是分不开的。

这些年，小中一直在《人物》栏目工作，采访拍摄了一些音乐人，比如李健、降央卓玛、哈琳、郑颖芬等，这些纪录片始终贯穿着他对音乐的认识。

小央小时候先学了几年钢琴。说起我这两个孩子，都是挺有名师缘的。小央的钢琴老师是著名指挥家李德伦先生的女儿李燕。李燕当时是我们团的竖琴演奏员，见小央聪明可爱，便主动提出来教他弹钢琴。

小央小时候给人感觉是个有点另类的孩子，不太爱说话。那时候，孩子们没有现在这么忙，他们没事就在楼道里瞎跑，有时候会凑在一起表演，一般是表演唱歌跳舞，还有一次表演讲话，像一个小型演讲比赛。演讲比赛表面上是孩子在比，其实比的是大人——大人教孩子说什么，孩子就说什么。记得有一个演员队的孩子说的是“第一不许抽烟，第二不许喝酒，第三不许在叔叔阿姨面前放屁……”轮到小央了，他就说了三句话，当然，这三句话是老薛教他的。他说：“我是个笨孩子。我要好好学习。好好学习以后就不笨了。”这话仔细琢磨好像有点逻辑上的问题，但当时说出来语惊四座，大家都觉得这个小孩不简单。

20 世纪 70 年代初，我和老薛的工作都特别忙。我们是所谓的“样板团”，排练、演出都是政治任务，绝对不能请假。老薛每天上班，从虎坊路到北太平庄，路上就要将近两小时。在这种情况下，我们要管这两个儿子的生活，还要督促他们练琴，实在是忙不过来了。这时候我的三姐伸出援手，说：“让小央跟我回吉林吧，我帮你带着。”就这样，小央去三姑家住了好几年。

当时我的三姐在吉林市歌舞团任歌唱老师，三姐夫在吉林市话剧团任团长，他们不仅给小央生活上细心的照顾，也一直带着他弹琴。当时小央

小央的摇滚演出现场

一练琴，话剧团的同事们就来看，还忍不住感叹：北京来的孩子就是不一样，这么小就能弹这么多曲子啊。

到小学四年级的时候，三姐把小央送回了北京，因为她觉得孩子渐渐大了，总不在父母身边不太好。另外还有一个原因，就是小央快要读中学了，吉林的教学水平到底是赶不上首都，怕耽误了小央。

小央回到北京之后，钢琴就基本不弹了。我和老薛决定教他拉提琴，我的一位学生江川听说以后，还特意从家里拿来一把 1/4 制式的小提琴给小央用。小央学小提琴起步很快，谱号熟悉，运弓很直，发音纯正，这是因为他有钢琴的基础。然而好景不长，三个月之后，我和老薛实在没有精力管他，就那么放弃了。

但我知道，小央一直是喜欢音乐的。读中学时，他跟几个同学组织了一支叫“火柴盒”的摇滚乐队，还像模像样地排练、演出。据说，那是北京第一支中学生摇滚乐队。

“火柴盒”乐队的鼓手叫牛三儿，是我们中央芭蕾舞团乐队小号手老牛的三儿子。小央受哥哥小中的影响，喜欢文学，在乐队里负责歌词创作。1990 年，他写了一首《三儿的问题》，后来由侯都都他们的“边缘”

乐队演唱，收进了《中国火Ⅱ》，还挺有影响力的。

《三儿的问题》

穿过热闹的街 去坐地铁
今天三儿的脸上 不太神气
因为看到一些 美丽的东西
在阳光下 充满敌意
他隔着玻璃 心里有点生气
三儿的问题 是口袋空空的问题

院里有个姑娘 曾经使三儿着迷
她每天都带着三儿的好奇
穿过院子里很短的距离
这个姑娘一天天变得美丽
三儿的心里却越来越没了勇气
三儿的问题 是希望爱情的问题

秋天的风吹走夏天乘凉的人
三儿坐在院子里显得很深沉
他想找份工作 找份新奇
可他没有文凭 就没有魅力
三儿的问题 是也想海阔天空的问题

活着的一些和死去的一些都没多大意义

三儿觉得许多事情
其实没有想象中那么神秘
他把他的烟 发给他的兄弟
他说他的问题 是他并不苦恼这个问题

三儿的问题 是简单的问题
三儿的问题 是复杂的问题
三儿的问题 是我们的问题
三儿的问题 是你们 他们的问题

1990年，小央在《中国青年报》上发表了“火柴盒”乐队的故事，引起了极大的关注：

摇摇滚滚的“火柴盒”

1990年3月的一个晚上，在北京西单“百花”歌舞厅里，一个穿着旧军装、挽着裤腿的中学生出现在舞台中央。五彩的霓虹灯下，人们看到的是一张年轻的脸和一把伤痕累累的旧吉他。这个中学生就是我——一个普通中学高三年级的学生。每天一下晚自习，我顾不上吃饭，放下书包、背起吉他就来到这里，为那些穿着漂亮衣裳、喝着咖啡的幸福的人们唱歌。每当他们为我的歌声所感动，每当我拥抱那扑面而来的掌声时，我的心中都会涌起一种幸福感。

两年前，在杨树花开的季节里，我和几个同学坐在学校阳光明媚的操场上思考我们自己——我们能做些什么？除了念那几本翻烂了的教科书，除了在教室、食堂、家庭三点一线上循环往复，我们还能做些什么？我们应该做些什么？这时候大家不约而同地想到了音乐，我们决定办个乐队，取名为“火柴盒”。

“火柴盒”的主音吉他是岳涛，这是个敢想敢干、充满自信的年轻人。我和岳涛认识于某一年的学校艺术节上。我唱完《妹妹你大胆地往前走》后，在一段当时红遍北京大街小巷的霹雳舞曲声中，岳涛跳到舞台中央，连翻带滚地表演了一段霹雳舞。当时看到他在舞台上那副勇猛的样子，我就知道在我和他的心中沸腾着同一种热情。

小时候，我坐在家里，总能听到楼上传来一阵阵刺耳的小号声，偶尔还夹杂着两个“冒了泡”的怪音，那是一个叫牛元的孩子在练号。后来，他得了一场重病退了学。再后来，我听到他扯着嗓子在楼下喊“换汽水喽！”他就这么过着无忧无虑的生活，一天又一天。有一次，我在楼道里遇到了摇摇晃晃拿着鼓槌的他，我猛然感觉他像一个鼓手了，后来他就真成了我们乐队的鼓手。

“火柴盒”的贝斯手叫刘晓东，我和他一起办过一本给我们自己看的杂志，叫《忧心忡忡说》。在那里面，我看到了他对生活、对爱情、对和平的无限向往，后来在他的贝斯声中我再一次听到了这些美好的东西。他排练的时候很少看谱子，因为他奏响的是他内心深处对美好未来的憧憬，谱子在他心里。

“火柴盒”刚组建的时候，常有一个小伙子坐在我们家的沙发上唾沫星子乱溅地跟我侃他如何“辉煌地随青年交响乐团访问欧洲”的故事。他就是我们的键盘手、中央音乐学院的学生——龙隆。他的到来使“火柴盒”生辉不少，大家都很高兴。然而没过多久，他就离开北京去深圳室内交响乐团工作了。

龙隆走了以后，我们又有了一名新的键盘手，他也是中央音乐学院的学生，叫侯都都。侯都都在学校和同学相处得非常好，大家都喜欢他，每次他进行专业课考试，总有许多各年级的同学围在门口看，他考完了，人群也就散了。侯都都的到来使我们对流行音乐有了新的认识。

像龙隆、侯都都这样科班出身、接受全套古典音乐教育的人加入我们的行列中来，说明不仅仅是普通的中学生们喜欢流行音乐。

在我房间的墙壁上贴着几张纸，那上面写有不同颜色、不同笔迹的汉字和一堆阿拉伯数字，那是老师们、同学们、朋友们对“火柴盒”给予赞助的记录，是时刻鞭策我们努力工作的力量。

我的班主任杨老师赞助了我们10元钱，他说:“要好好干，干出个样子来，祝你们成功。”

朋友们还都是学生，都不富裕。我望着他们期待的目光，接过他们手中因少看一场电影、少买两本杂志而省下来的钱，心潮起伏。捐款记录在不停地增加:4月26日，马欣赞助5元;5月1日，李敬赞助2元;5月7日，王萍赞助30元;6月1日，刘宏伟赞助10元……一个名叫杨钊的同学把一星期的早点钱捐给了“火柴盒”，以后每当我抱起吉他唱歌的时候，仿佛总能看到他饿着肚子走在上学的路上……

这时，我心中只有一个念头:一定要把歌唱好。

每天早晨，走在通往学校的金光大道上，看着那些背着书包的少男少女，我就想:他们和我一样，每个人都有自己的心事，他们的内心深处埋藏着各种各样的情感，有希冀，有欢乐，有痛苦，也有压抑，这些情感不断袭扰着当代中学生的心。面对着心灵的骚动，人们选择了不同的宣泄方式，有的人去打架，有的人去拼命念书，而我和我的朋友们选择了音乐，因为我们觉得音乐最可亲。

在一个寂静的夜晚，我们抱了两把吉他来到陶然亭公园，我们高唱“我要永远这样陪伴着你，因为我最值得你痛苦……”我想，这里面的“你”可能就是音乐，那个夜晚我又一次坚定了闯下去的信心。

一个偶然的机会，我有幸认识了中年作曲家关峡先生和他的妻子李红霞女士，他们推荐我在西单“百花”歌舞团唱歌。我曾听我哥哥讲过关峡的故事——他小时候在农村，很穷。为了学音乐，他用纸画了一个键盘贴在桌子上苦练。当高考制度终于恢复以后，关峡夹着一沓“总谱”来到北京，直奔中国最高音乐学府——中央音乐学院，他的演奏震惊了所有主考老师。

1989年年底，“火柴盒”应邀参加首钢所属一家工厂的联欢会，工人们穿着沾满油污的工作服，一边擦着脸上的汗，一边听我们唱歌，他们用一种劳动者特有的诚挚的感情欢迎了我们，这种感情让我看到了他们对音乐的理解和需要。他们热情地为我们鼓掌，而我们却由于准备不足，只好把刚唱过的歌再唱一遍，尽管如此，工人们仍报以热烈的掌声，这使我们十分激动。

学校紧张的学习不容我们乐观，由于面临毕业，我必须得过“两天一小考，三天一大考”的日子，雪片般的卷子沉甸甸地压在我们每个人的心上。这时候我总想起崔健，想起大年初二那个下着大雪的晚上，我在剧场和众多举着崔健照片高呼“崔健，我们的心”的观众一起为他感动的情景。崔健每天在想些什么我不知道，但从他的歌声中我听到我们有许多共通之处，这些共通之处跨越了我们年龄的界限。仅仅因为这一点，我喜欢他，喜欢他的歌，还希望将来有一天能站在他面前和他谈一谈我对音乐的认识。

我常在梦中见到一个人，这个人在阳光下微笑着向我走来，说："我带你去一个地方，把你推荐给观众，他们已经等你很久了……"我梦见我拼命地为观众演唱，他们为我欢呼……可当我醒来，我发现这只是一个梦，我身边只有一把旧吉他。

今年3月，我参加了北京师范学院音乐系的考试，主考老师都是五六十岁的老教授，他们是皱着眉听我唱完《花房姑娘》的，显然他们对我的歌不欣赏，但当我走出考场，走在师院的操场上，听到宿舍楼那一扇扇打开的窗子里传出的流行音乐，我还是对前途充满了信心。

我的姐姐们

我父亲年轻时是一位汽车司机，我母亲是家庭妇女，他们一共养育了七个子女。我大姐在 19 岁的时候就因病去世了，而其他几个姐姐都从事了与音乐相关的工作。

我的二姐一家，是一个名副其实的音乐之家。二姐名叫吴彩云，1926 年出生于沈阳，读完高中后考入长春市广播电台音乐部，不久就和同事贾广义结为连理。二姐夫年轻时跟一位日本音乐家学习过小提琴，没想到，这个经历竟影响了他的整个家族——他的四个孩子都学了小提琴。

先从贾晶环说起吧，我们都管她叫“大环”。大环从沈阳音乐学院附中毕业后，曾到北京报考过中央音乐学院，那时候我已经在北京工作了，于是陪她去考试，那次她演奏的是两首帕格尼尼随想曲和门德尔松 E 小调协奏曲。大环的琴拉得很好，但文化课就有点不讲究——有一道考题问“三面红旗是什么”，大环不假思索地填了个“党旗、团旗、少先队旗”。结果，大环没有被中央音乐学院录取，而是回沈阳去了辽宁歌剧院，担任了多年乐团首席，是国家一级演奏员。

贾玉环，我们叫她“二环”，她曾经在辽宁儿童艺术剧院担任演奏员，后来全家人移民美国，现在在匹兹堡教小提琴。

贾红天是家里的老幺，也是从小学琴，在几个兄弟姐妹中最聪明，也最不用功，每天就想着踢球、练功夫、看电影。说起看电影，红天曾经绘声绘色地讲述全本的《瓦尔特保卫萨拉热窝》，从第一个镜头到最后一个镜头，其间的画面、对话、音乐点滴不落。

红天在20世纪80年代考上了北京铁道兵文工团，第二年又考到我所在的中央芭蕾舞团乐队。工作以后，红天还是吊儿郎当，直到有一次我们去香港演出——那是红天第一次踏入资本主义的"花花世界"，对他的震动特别大。他对我说："小舅，这香港也太发达了，我得努力，争取到这样的地方生活。"果然，回来以后他开始刻苦练琴，在20世纪80年代后期的出国潮中前往圣地亚哥国际青年交响乐团，后来又去了加拿大，在温尼伯交响乐团担任演奏员。

贾红光是二姐家的四个孩子当中学音乐最出色的，这也是我最后说他的缘由。

红光读初中的时候就进入沈阳京剧团乐队拉小提琴，他非常刻苦，练琴到了废寝忘食的程度。他演奏的帕格尼尼第五首随想曲，速度快得令人难以置信。记得在20世纪70年代，有一次我播放他的演奏录音，我们乐队的小提琴演奏员竟然不相信自己的耳朵，说是不是做了变速啊？

我很喜欢红光这个外甥，知道他一心想到北京学习，我就和老薛尽可能地帮他联络名家授课。我们先后带他去过中央音乐学院和中央乐团，请林耀基、李德伦等大师做指导。李德伦先生在听了红光的演奏后，当即表示愿意接收他到中央乐团工作，但那时社会上已经传开了中央音乐学院即将恢复招生的消息，于是红光婉拒了李德伦先生的邀请，一心想去读书。

为了全面展示红光在提琴演奏方面的技巧和成就，我先后两次在中央芭蕾舞团为他举办了专场独奏音乐会，当时节目单上的名称叫"汇报会"。

演奏的曲目有《西贝柳斯小提琴协奏曲》、勃拉姆斯的《小提琴协奏曲》、贝多芬的《小提琴协奏曲》、帕格尼尼的《小提琴协奏曲》以及帕格尼尼的随想曲……这样高水平的演出在当时并不多见，可以说是轰动了整个北京音乐界，好几位音乐学院的教授专程前来，中央乐团甚至派出一辆大客车，载着很多人来听演奏会。演出完毕后，大家对红光的音乐才华大加赞赏，一些以前听过他的演奏录音的人更加佩服："啊，原来真的能演奏得这么快！不是改变了录音机的转速……"

1978 年，中央音乐学院恢复招生，红光终于实现了自己的梦想，来到林耀基教授班上学习。他年纪大，是班长，依然保持着刻苦的精神。他曾经代表中国参加在瑞典举办的国际青年小提琴比赛，获得了第八名。1979 年，提琴大师梅纽因来华授课，对当时在读大三年级的红光颇为喜爱，将他带至瑞士的格斯塔德梅纽因国际音乐学校继续深造。

红光在国外学习的时候，还发生过一件趣事。有一次他到维也纳演出，见到奥地利国家乒乓球队在训练，就上去跟人家打了一盘，不想居然赢了。这下惊着那些队员了，他们纷纷慨叹："怎么中国人的乒乓球水平这么高？一个拉提琴的学生竟也如此神乎其技！"其实，红光的乒乓球水平在国内也是业余高手，曾在沈阳市文艺系统里得过冠军。

红光从瑞士归国后在中央音乐学院任教，后来又去美国学习，现在在匹兹堡交响乐团担任副首席，可称得上是世界级小提琴家。除了演奏之外，他还是中央音乐学院和天津音乐学院的客座教授。

二姐家的第三代中，亦有"子承父业"的高手。大环的儿子王亮，毕业于中央音乐学院，后来加盟香港交响乐团。二环的女儿杨铭，在中央音乐学院附中时就担任红领巾乐队独奏演员，后来到美国匹兹堡音乐学院继续深造了。

说起来，所有这些孩子的音乐之路，都与我二姐夫的启蒙有关。作为一位音乐爱好者、业余提琴老师，二姐夫能够将四个子女全部培养成提琴家，堪称教导有方。我与二姐夫的感情很深，他如同我的一位兄长，在人生之路上对我的影响很大。如今，二姐夫已经作古，二姐在加拿大温尼伯市居住，也已经是 91 岁高龄了，但身体仍然很好。希望我的二姐健康长寿。

我的三姐吴秀云，1929 年出生于沈阳。说起来挺奇怪，我父亲是普通工人，母亲是家庭妇女，家里并没有懂音乐的人，可是我的几位姐姐都喜欢唱歌，尤其以我这位三姐唱得最好。当年，收音机里经常播放白波唱的《月亮走》、周璇唱的《四季歌》，她从小就咿咿呀呀地跟着唱。

1937 年，我出生的前一年，伪满洲国举办了一个“全国歌唱比赛”，二姐对三姐说：“你那么喜欢唱歌，就去报名试试吧。”当时我三姐才上小学一年级，字都不认得几个，二姐帮她选了一首《重归索兰托》，她练了几遍就上台了。三姐从小胆子大，不怯场，一曲唱罢，台下掌声雷动，大概是觉得这小姑娘挺有意思的。这个歌唱比赛也是当时东北三省一个重大的文化活动，只是那时候没有电视，很多人是通过广播和报纸关注着这件事的。我的三姐初生牛犊不怕虎，就这么一场场地唱过去，跟很多其他城市来的歌手同台竞技，最后居然得了第一名。哈哈，现在想想，我三姐就是当时的李宇春啊！一个 8 岁的小姑娘得了冠军，这算是个大新闻，很多媒体都争相报道，日本一家唱片公司也发出邀请，请三姐去东京灌录唱片，并帮她联系到上野音乐学院少年部留学深造。

1937 年夏天，我父亲和二姐陪着三姐，从新京（即长春）出发，先到了朝鲜的釜山，再从那里坐轮船到日本下关，最后来到了东京。在东京，三姐灌制了《小猫小狗》《小刀小枪》《小邻居》《小宝宝》和《桃李迎春》等一批唱片，可惜这些唱片在“文化大革命”中都被家人偷偷丢弃了。

1946 年，三姐考入沈阳市辽东学院音乐系。这所学校在新中国成立后并入了延安鲁迅艺术学院（即沈阳音乐学院的前身），这么算起来，三姐还是我的师姐呢。在三姐大学毕业的 1952 年，正好东北电影制片厂招收歌唱演员，三姐就去了。东北电影制片厂是当时全国最大的电影厂之一，无论是制作力量、演员阵容还是拍片量都是数一数二的，而且还在全国率先成立了自己的译制片厂和乐团。1955 年，东北电影制片厂正式更名为长春电影制片厂（简称“长影”）。

三姐在长影乐团工作了 20 年，在这期间为很多电影如《草原上的人们》《草原晨曲》《国庆十点钟》《黄河飞渡》《金玉姬》等演唱了插曲。据说当年拍摄《上甘岭》时，那首插曲《我的祖国》的最初版是由三姐录制的，后来电影到北京送审后，时任文化部长夏衍先生提出了意见，认为这首歌的演唱应该更富于民族风格，于是就请歌唱家郭兰英演唱了第二版，也就是现在我们听到的这一版。

今天，在大大小小的卡拉 OK 厅里，仍有许多人演唱《草原上的人们》的插曲《敖包相会》。“十五的月亮升上了天空哟……”每当听到那熟悉的旋律，三姐的脸上总会露出幸福的表情，因为那首歌当年是她首唱的。那是在 1952 年 12 月 31 日夜晚，录音完成后，新年的钟声就敲响了，那是三姐青春的记忆和骄傲。

三姐工作以后，月工资是 72.5 元，在当时算是高收入了。可她每个月要给我父母寄 20 元，给公公婆婆寄 20 元，给上大学的我寄 10 元，长影收住宿费 10 元，这样一来，每个月能留给她自己吃穿用的钱就只剩下 12.5 元了。在食堂里，她总是挑最便宜的菜吃，出门舍不得坐公共汽车，

三姐拿着自己录制的《敖包相会》唱片

参加长影乐团演出排练的三姐（前排右四）

常常一走就是好几站地。那时候的我刚开始学习音乐，琴谱不好买，三姐就从乐团拉提琴的同事那里借来《开塞》《克鲁泽尔》等练习曲谱，熬夜给我抄好，寄到沈阳音乐学院。如今，三姐给我手抄的谱子已经找不到了，但我书柜里的很多乐谱都是当年我用三姐寄给我的钱买的。那时候虽然家境贫穷，但兄弟姐妹之间的情谊却是深厚真挚的，它弥补了物质生活的不足，留下了温暖的回忆。

在我的这几个姐姐中，三姐是对我们整个大家庭奉献最多的。她自己一生没有生育，但是每个晚辈都是她的孩子。三姐和三姐夫年轻时抱养了一个孩子，取名宪仁，也是学音乐的。1998 年，三姐一家随着宪仁的工作变动来到了深圳，在那里一住就是 15 年。三姐是个闲不住的人，在深圳她教钢琴、教声乐、教日语，把自己的老年生活安排得丰富多彩。到了夏天，深圳天气很热，他们老两口偶尔会来北京住上几天，我们一起叙叙旧，共享天伦之乐。

我的四姐吴翠云，1932 年出生，比我大六岁。四姐在家里排行老五，她上面是我大哥——当时家里唯一的男丁，备受宠爱，因此四姐一出生就不怎么受待见，很小就挎着个小箱子到胡同口卖香烟，东北的冬天，天寒地冻，她的小手上都是裂口。四姐 15 岁那年，有一位叫袁为平的军人觉得她很可怜，就把她带到了北京当兵。当时是 1948 年，正要打平津战役，解放军扩充势头很猛，四姐因为能唱歌，就进了北京军区的炮兵文工团，新中国成立后则调到了总政歌舞团合唱团。

抗美援朝战争结束后，四姐曾随慰问团去过朝鲜。原先在中国人民革命军事博物馆里面，有一张志愿军女战士向金日成献花的大照片，那位女战士就是当时 20 岁出头的四姐。后来，朝鲜举行抗美援朝胜利 20 周年纪念活动，杨勇将军率团前去，团员中也有我四姐。四姐回来后对我们说，在正式外交场合，金日成是讲朝鲜语的，但礼宾活动一结束，工作人员把会议室的门一关上，他就开始说中国话了，而且说得非常流利，还带着东北口音。

20 世纪 50 年代，中苏关系交好，我国选派了一批年轻人到苏联和东欧学习艺术，同时也请了苏联和东欧的专家来华开办专家班。四姐就在那个时候，跟着保加利亚专家学习了一段时间的声乐。

四姐年轻时一直担任总政合唱团的女高音声部长，她们演唱的《请到我们的山区来》等小合唱还灌制过唱片。1961 年，四姐随总政到沈阳军区演出，我还特意去看过。

参加演出活动的四姐（左一）

我读大学的时候，四姐除了每月给父母寄钱以外，对我这个小弟也很关照。记得有一年，四姐从北京给我寄来了一个包裹，我打开一看，居然是一块银光闪闪的手表，还是防水的！这件事在同学中引起巨大反响，他们都很羡慕。要知道，那时候学生的生活都很俭朴，能拥有一块手表，绝不亚于现在开着一辆汽车去学校那样风光。

我的四姐夫叫王洋，后来改名叫汪洋。他是大连人，当时是八一体工大队的足球运动员，人长得高高大大，轮廓鲜明，五官俊朗，客观地说，比今天那些韩国明星帅多了，怪不得四姐对他一见倾心。当时他们住在先农坛，离我的单位很近，步行 15 分钟就到了，我时常去找他们玩。后来，他们把家搬到了小西天总政歌舞团的院子里，分到了一个有五间房子的单元中的二间，在当时算是非常好的住房条件了。后来，他们两个人一商量，就把父母从沈阳接到了北京。

四姐和四姐夫有三个子女，老大王玫玫从小就跟我学琴，她乐感好，有灵气，是一个好苗子。中央音乐学院附中恢复招生那年，她去考试，成绩非常好，并且通过了面试和身体检查，我们都以为板上钉钉了，没想到没有等来通知书。我从侧面了解了一下，原来那个录取名额被一个有门路的考生占了。后来，玫玫考取了中国广播交响乐团，当时的乐团指挥袁方对她的演奏非常满意。玫玫工作以后，仍然坚持每周来我这里上课。

1981 年，我的一个学生唐侃，从中央音乐学院附中毕业后被分配到了中国广播交响乐团。唐侃身高有一米九多，基本功好，技术娴熟，尤以左手见长。他和玫玫都是我的学生，经常结伴来上课，又同在一个声部，一来二去就好上了。虽然玫玫要比唐侃大上几岁，这段感情在开始时并不被四姐和四姐夫看好，脾气暴躁的四姐夫甚至说了一些狠话，但是两个年轻人坚持了下来，争取到了自己的幸福。

在 20 世纪 80 年代的出国潮中，玫玫和唐侃双双赴美，进入圣地亚哥

王玫玫与唐侃演奏双中提琴二重协奏曲现场

青年交响乐团。说起来挺有意思，圣地亚哥青年交响乐团先后有我的 8 个学生加盟，他们是：江川、刘勇、宋丹秋、蒋琛、张敏、徐庆珠、王玫玫和唐侃，几乎是整整一个声部。在保留下来的圣地亚哥青年交响乐团的节目单上，还能看到玫玫与唐侃演出的《勃兰登堡 No.6 双中提琴二重协奏曲》。后来，他们二人去了檀香山交响乐团工作。

唐侃的父母是虔诚的基督徒，受家里人影响，唐侃很小就入教了。两人结婚后，玫玫也成了信徒。有一天，唐侃决定放弃收入还算不错的乐手工作，去做一名专职牧师，而玫玫生育了 5 个孩子，成了全职太太。神职人员的薪水很低，他们一家人只能过着清贫的生活。在我看来，两个优秀的中提琴手就这么放弃了苦修多年的专业，多少有些遗憾吧！

中芭乐队的四位老指挥

1961 年 12 月，中央芭蕾舞团（简称“中芭”）的前身——北京舞蹈学院实验芭蕾舞团出访缅甸，演出《天鹅湖》《海侠》两部芭蕾舞剧，邀请了中央歌剧舞剧院的黎国荃先生担任乐队指挥。虽然乐队是临时组建的，外借了北京儿童艺术剧院一些演奏员和中央音乐学院多名学生，但经过黎国荃先生的严格训练后，乐队表现得非常好，赴缅甸演出很成功。出访结束后，演出团在返京时途经昆明，又应邀在当地演出了半个月之久。

1963 年，我大学毕业后到团里时，黎国荃先生仍然是乐队的客座指挥。那时团里正在排演芭蕾舞剧《巴黎圣母院》，这是我接触的第一部芭蕾舞剧音乐，虽然中提琴的演奏没有什么难度，但音乐整体流畅优美，给我留下了深刻的印象。记得大家在演奏时全情投入，深深地沉醉在美妙的音乐中。

黎国荃先生是北京人，早年就读于私立北京美术学校音乐系，后来进入杭州国立艺术专科学校音乐系学习。抗战时期，他来到重庆，曾在重庆中央电台乐队、国立歌剧学校、国立音乐院实验管弦乐团、中华交响乐团担任小提琴独奏和指挥，其中的中华交响乐团算是当时的国家级乐团。据说有一次，蒋介石路过乐团的演出剧场，便进去听了听，那天恰好是黎国荃先生担任指挥。蒋介石并没有什么特别表示，只是听了一会儿就离开

我与黎国荃先生合影于杭州六和塔（1964 年）

了。那本是一个人一生中非常偶然的片刻，但未曾想到的是，后来却给黎国荃先生带来了灭顶之灾。

1949 年北平解放后，黎国荃先生从香港回到北京，历任华北人民文工团音乐部主任，中央歌剧舞剧院管弦乐团指挥、团长，满腔热情地想为新中国的音乐事业做一番贡献。1963 年年底，中芭乐队到上海、南京巡回演出，记得是由黎国荃先生和卞祖善轮流担任乐队指挥。1964 年，中国第一部芭蕾舞剧《红色娘子军》诞生，在人民大会堂小礼堂为毛主席演出时，就是由黎国荃先生执棒。1964 年至 1965 年，黎国荃先生担任了音乐舞蹈史诗《东方红》指挥组组长的重要职务。1966 年，“文化大革命”开始了，黎国荃先生被翻出来所谓的“历史问题”，于 1966 年 8 月 26 日在悲愤中悬梁自尽。

黎国荃先生虽然走了，但他的作品一直在这片土地上传扬。新中国成立后，黎国荃先生曾将古筝曲《渔舟唱晚》改编为小提琴曲，后来又被浦琪璋改编成电子琴曲。中央电视台从中选取了一段作为天气预报的背景音乐，可以说这是每一个中国人都非常熟悉的旋律……每当从电视中听到这段《渔舟唱晚》，总能让我想起在刚刚工作时遇到的这位音乐前辈。

李德伦先生也是北京人，少年时期学习钢琴和小提琴，读书时曾与师生组成学生管弦乐团。1940 年，他考入国立上海音专，毕业后在上海工部局交响乐团担任大提琴演奏员，并秘密加入了共产党。有一次，一份包括他在内的地下党名单丢失了，当时负责情报工作的周恩来通知他立即撤往延安，他便于 1943 年来到了延安，并在那里担任中央管弦乐团的指挥和教师。

新中国成立后，李德伦先生在中央歌剧院担任指挥。1953 年，他到苏联莫斯科音乐学院指挥系学习，成为著名指挥家阿诺索夫教授的研究生。刚到莫斯科的时候，他的俄语不好，每逢苏联朋友向他打招呼问好，他就微笑着说“李—德—伦”。1956 年，他参加了“布拉格之春”音乐节演出，并获了奖。

令人意想不到的是，这么一位风华正茂的青年指挥，却没有完成在苏联的学业，而是提前回国了。这是为什么呢?

原来，有一次假期，李德伦先生回国与朋友闲谈，别人问他苏联怎么样啊，他不经意间说出“咳，苏联也有小偷，还有妓女……”的话语。要知道，当时正是中苏蜜月期，我们对老大哥无比崇拜，他那么说简直是对社会主义阵营中最伟大的苏联的污蔑！为此，在 1957 年，驻苏联大使馆就安排他提前回国了。

李德伦先生回国后，一直担任中央乐团的指挥。2001 年 10 月 19 日，李德伦先生因病逝世，享年 84 岁。

李德伦先生被邀请来中芭指挥乐队是在 20 世纪 80 年代，我们与来华的苏联女钢琴家克拉夫琴科合作演出拉赫玛尼诺夫的《第二钢琴协奏曲》。同时来华的还有一位小提琴家，演奏的是《哈恰图良协奏曲》。在排练了几天即将登台演出之前，李德伦先生对演奏员提出要求："你们要听好钢琴的演奏，看好乐谱，什么时候你的声部该进入就自己进入，不要依赖我的手势……"

在正式演奏到第三乐章时，有一段需要乐队与钢琴很默契的节奏，李德伦先生真的没有按时给出手势，乐队有的声部进来了，有的声部却没有进，弄得整个乐队的协奏参差不齐，差一点儿就乱了套。幸好钢琴家克拉夫琴科不为所动，径直地演奏下去，乐队也就迅速地跟了上去。这真是惊险的一幕，我们在台上都吓出了一身冷汗，而李德伦先生却一派大将风度，安之若素。

李德伦先生的夫人李珏，曾于 20 世纪 40 年代与李德伦先生一起在上海工部局交响乐团工作，担任小提琴演奏员，后来也去了延安。新中国成立后，她曾担任中央歌剧院交响乐团团长，20 世纪 70 年代末又调到中央音乐学院附中教授小提琴。

李老夫妇育有一子两女。儿子李苏是一名小号演奏员，曾于 20 世纪 80 年代赴美，加盟圣地亚哥国际青年交响乐团。大女儿李鹿是一名大提琴演奏员，曾就职于北京京剧团乐队。小女儿李燕从中央音乐学院附中毕业后就来到中芭乐队，她原本是钢琴专业，但担任了竖琴演奏员，我们在一起工作了近 20 年。李燕为人友善热情，当年曾主动将小央收为钢琴弟子。如今李燕已移居加拿大，我们有 10 多年没有见面了。

李德伦先生高超的指挥艺术令人叹服。最让我难忘的是1987年在首都体育馆举行的“交响乐之春”大型音乐会，这是载入中国音乐史册的一次盛举，乐队规模空前庞大，集结了北京各大乐团的全部演奏员，包括中央乐团、中央芭蕾舞团乐团、北京交响乐团、中国广播交响乐团、中央歌剧院乐团、中国歌剧舞剧院乐团、北京电影乐团的演奏员以及各个音乐院校的学生共计800名，演出的曲目是《春节序曲》和柴可夫斯基的《1812序曲》。这个空前的演奏团体正是由李德伦先生执棒。

中芭（当时叫中国舞剧团）在1972年成立二队时，二队的乐队邀请了韩中杰先生担任指挥。韩中杰先生是上海人，原本是位长笛演奏员，1961年获得列宁格勒音乐学院副博士学位，后来到中央乐团担任指挥。可能是职业习惯，韩中杰先生在指挥的时候，我注意到他的嘴唇始终在动，仿佛在吹奏着旋律。

韩中杰先生给我留下最深的印象是他近乎偏执的认真。对于舞剧中的音乐，大家都认为属于从属地位，所以以往乐队的指挥会根据台上舞蹈演员表演的节奏来调整乐队的速度。韩中杰先生却不这样做，他要求演员按照作曲家标记的速度来完成动作。其实，在实际的排演过程中，情况是千变万化的，比如年轻演员体力比较好，独舞时动作速度会相对快一些；即使是同一位演员，某一天身体状况不是很好，也可能会比平常的速度慢一些。然而，韩中杰先生严格规定了乐队的演奏速度，并且要求演员必须跟上音乐。这样一来，他与演员方面摩擦不断，双方都很不愉快，合作只能终止。

不久，中芭请来一位能够包容演员速度变化的指挥，他就是李华德先生。

李华德先生是天津人，原来是中央音乐学院的教师，也担任过合唱团的指挥。1964 年，他在中芭担任客座指挥。1970 年，调任中央乐团交响乐团常任指挥，指挥演出了钢琴协奏曲《黄河》等。1974 年，又调任中芭二队指挥，参演了芭蕾舞剧《沂蒙颂》《白毛女》等。1976 年，中芭出访奥地利和西德时，他也一同前去，担任了音乐会的指挥。担任中芭二队指挥期间，他还赴东北沈阳、长春、哈尔滨等城市巡演，当时除了演出芭蕾舞剧《红色娘子军》外，还演出了《白毛女序曲》音乐会，场场爆满。1979 年，他又回到中央音乐学院任教。

1997 年，文化部对直属文艺单位的演奏员实行考核上岗。弦乐组前三届的评审组长是李德伦先生，第四届的评审组长就是李华德先生。记得他在考评前给我打来电话，嘱咐我在规定的演奏曲目之外，再选出演奏员当场视奏的曲目，于是我选出了三首难度中等的曲目片段。这是记忆中我与李华德先生的最后一次合作。

中芭交响乐团的历任指挥

黎国荃　姚学言　王哲明　韩中杰　李华德　王若忠
卞祖善　黄立民　胡炳旭　李心草　丁乙留　刘　炬
张　艺

中芭交响乐团的历任客座指挥

李德伦　黄飞立　黄贻钧　林克昌　诸信恩　郑小英
袁　方　陈佐湟　胡咏言　谭立华　让·皮立松（法）
卡门·莫拉尔（秘鲁）　福村芳一（日本）

芭蕾舞剧音乐与中提琴声部

从1963年进入北京舞蹈学校实验芭蕾舞团开始，直到2004年退休，我在中央芭蕾舞团一共工作了41年。

屈指算来，这期间我参加演出的外国芭蕾舞剧有《巴黎圣母院》《天鹅湖》《仙女们》《希尔薇娅》《吉赛尔》《胡桃夹子》《罗密欧与朱丽叶》《堂吉诃德》《睡美人》《雷蒙达》《那波里》《海盗》《葛蓓莉亚》《泪泉》《鱼美人》……参加演出的国内创作的芭蕾舞剧和舞蹈有《红色娘子军》《白毛女》《纺织女工》《草原儿女》《沂蒙颂》《香樟曲》《杜鹃山》《祝福》《林黛玉》《霸王别姬》《大足石魂》《雁南飞》《骄阳》《扇舞》《梁山伯与祝英台》《大红灯笼高高挂》《黄河》《杨贵妃》《蓝花花》《紫气东来》等，共计40余部。

在这些芭蕾舞剧音乐中，有中提琴独奏的是《吉赛尔》《葛蓓莉亚》《罗密欧与朱丽叶》《祝福》（重奏）。作曲家运用中提琴作为独奏乐器来配合男女双人舞，其独特的音色时而优美娴静，时而深沉悲凉，很有感染力。而两位法国作曲家在舞剧《吉赛尔》与《葛蓓莉亚》中为中提琴所写的独奏段落颇为精彩，更能反映出他们对这件乐器的情有独钟。

在西方成熟的芭蕾舞剧作中，作曲家在作为舞蹈创作先导的音乐部分都是煞费苦心的，如柴可夫斯基创作的三部芭蕾舞剧《天鹅湖》（1876

年)、《睡美人》(1889 年)、《胡桃夹子》(1891—1892 年)音乐，都是传世经典。我最欣赏的是《天鹅湖》，这部舞剧的音乐宏大而不失细腻，富于古典美，堪称舞剧音乐的典范。其中不乏精妙的小品段落，如《四小天鹅舞》《三大天鹅舞》《拿波里舞曲》和《西班牙舞》。整部舞剧中，音乐和舞蹈相得益彰，历经百余年，久演不衰。

演出由法国作曲家阿道夫·亚当创作的《吉赛尔》，是我舞剧音乐生涯中的重要一幕。其中 7 分钟的中提琴独奏乐段，是世界现存的芭蕾舞剧音乐当中，为中提琴所写下的最为精彩的一笔。记得 20 世纪末，有一次中芭赴香港演出《吉赛尔》，在我的中提琴独奏声中，年轻的舞蹈演员将这一段双人舞演绎得十分精彩，观众席上掌声雷动，演员含笑谢幕。演出结束后，随团前往的一位文化部领导找到我说："您这段中提琴独奏真是精彩，要是能换一把更好的琴来演奏就完美了。这件事情不好由你来提出，放心吧，我找个机会跟团里讲。"过了不久，乐团真的为我选购了一把德国制造的高级中提琴。

芭蕾舞剧《葛蓓莉亚》是由法国作曲家德里布创作的，其中 4 分多钟的中提琴独奏乐段，难度比《吉赛尔》的要稍高一些，有连续不断的换把连弓运行，而且把位较高，指法变化复杂。当年我对这段独奏下了很大功夫。

《吉赛尔》与《葛蓓莉亚》两部名剧中的中提琴独奏旋律优美，很好地发挥了中提琴的音色特点，同时包含了一定的演奏技巧，所以我的学生具备一定的演奏能力时，我都会让他们接触这两部作品。

在我国创作的芭蕾舞剧中，我最喜欢的是《红色娘子军》。这部舞剧的音乐是由五位作曲家联袂完成的，他们是吴祖强、杜鸣心、戴宏威、施万春、王燕樵。

舞剧的序曲是《红色娘子军》的主题曲，由乐队全奏，曲调激昂奋进，极富动势。舞剧音乐的一个重大特点，就是每一个主要人物都有鲜明的音乐形象。《红色娘子军》中主人公的音乐形象个性鲜明，每当洪常青、琼花、南霸天和老四上场的时候，伴随而来的都是大家熟悉的一段旋律。

与《天鹅湖》一样，《红色娘子军》的六场舞蹈当中有很多经典的舞蹈段落，如《常青指路》《五寸刀舞》《斗笠舞》《黎族少女舞》《排山倒海》等，都是音乐与舞蹈配合默契的典范。

在编创《红色娘子军》这部舞剧时，主创人员深入海南岛体验生活，后期在音乐中加入了大量的民间音乐素材，同时还开创性地使用了合唱队的现场演唱，如“万泉河水清又清，我编斗笠送红军”这段小合唱，旋律优美，公演之后迅速风靡全国。

第六场红军打到南府时，南霸天与老四垂死挣扎的一段音乐标题是“慌乱的南府”，是由中提琴声部演奏的，在第四弦上的快速分弓，将南霸天一伙人大势已去、慌乱不堪的情景刻画得十分传神。

中芭乐队的编制是60人，到我大学毕业时的1963年，一个双管乐队已经基本组建完毕。那时的中提琴声部首席是钱星南先生，他是从北京儿童艺术剧院乐队调来的，曾师从著名小提琴家盛雪[①]教授。钱先生家学渊源，外语很好，经常在外国指挥排练时担任翻译。

---

① 盛雪，江西临川人，1919年1月19日出生。1945年毕业于重庆国立音乐学院管弦系，长期从事小提琴教育事业。由于他的精心培育，盛家出了12位小提琴演奏和教育人才，著名提琴家盛中国是家中长子，由此盛雪教授也被称为“盛氏小提琴之家的缔造者”。

当时中芭中提琴声部共有 5 位演奏员，除了钱星南和我之外，另外 3 位是四川音乐学院毕业的李文泽、柬埔寨归国华侨郭迪扬和中央乐团调来的傅燕秋。此后不久，又来了一位从部队文艺团体转业的高庆瑶。“文化大革命”期间，为了加强样板团的业务力量，乐队又调来 4 位同志，分别是中央歌剧舞剧院的蒋梧桐、王恩悌、张金栋和铁路文工团的宋建伟。按照团领导的话，他们属于“政治上可靠的同志”。粉碎“四人帮”之后，前 3 位又回到了中央歌剧院，而老宋一直在中芭工作到退休。我们这一批算是中芭中提琴声部的第一代演奏员。

第二代演奏员是以曾雪萍为代表的 20 世纪 80 年代音乐院校毕业生。这一批年轻人思想活跃，后来不少人都逐渐离开了中芭，有的人去了国家交响乐团、中国爱乐乐团，比如马劲松、李晶；有的人成了自由音乐人，比如侯都都、汪峰；还有的人去了海外，比如肖凡。

现在，在中芭乐团中提琴声部担任主力的，应该是第三代演奏员了。

在中芭乐队，前后共有 5 位演奏员担任过中提琴声部首席：钱星南（1961—1966 年）、吴育绅（1966—1971 年、1976—1997 年）、蒋梧桐（1971—1976 年）、侯都都（1997—2003 年）、徐宁（2003 年至今）。

我与学生们合影，左二是曾雪萍

除了上述人员，中芭还曾从其他音乐团体和院校借调过中提琴演奏员来完成各种演出任务。

我记得的有：司徒华城、张安祥、张建立、王绍武、李辉、蔡智渊、李巍、王鹏、戴军、逯卓、叶琳琳、段若男、贺大钧、张育斌、戴娅、杨大风、朱伟、魏宏、王可、关音馨、段茹、何辉等。中提琴声部前后有24位演奏员是我教过的学生。

中芭中提琴声部老同事的第二代也有不少子承父业，比如蒋梧桐的女儿蒋琛、宋建伟的儿子宋丹秋、张金栋的儿子张育斌、李文泽的女儿李渊，都是在我班上学习中提琴的。现在他们基本都在国外发展了，这个专业也算后继有人，这是让人非常欣慰的。

中芭中提琴声部合影留念

中芭乐队的几位铜管演奏家

中央芭蕾舞团乐队的铜管声部是一组很强的声部，前前后后共有 20 多名演奏员，分别是小号手近 10 名，圆号手近 10 名，长号手 6 名，大号手 3 名，有国家一级演奏员张振武、杨杰、黄世明和强栓，其中前三位还享受国务院颁发的政府特殊津贴，堪称杰出铜管演奏家。在 20 世纪七八十年代，业界公认国内水平最高的交响乐队排名是中央乐团排第一，中芭排第二。而在这两支乐队中，各个声部的力量是不均衡的，中央乐团的指挥李德伦先生就毫不掩饰对中芭铜管声部的喜爱，总想把那儿的好手挖走。

张振武原先是学小号的，后来改学圆号，投入著名的夏之秋教授门下。夏教授真是奇才，铜管乐器样样精通，所教的学生名满天下。我后面要写到的几位，也都是夏教授的学生。我跟夏教授虽然没有什么直接交往，但是夏教授的两个女儿都在我们乐队，而且小女儿夏三多与我家关系甚好，是小中的小提琴老师。

据朱绍卿说，起初振武上课时，夏教授对他吹奏的音色不满意，有一次批评他说："你现在是吹圆号，就要有圆号的音色，怎么还跟小号似的噼噼啪啪的？"

1961年，中芭（当时叫北京舞蹈学校实验芭蕾舞团）去缅甸访问演出，乐队人手不够，就把还在中央音乐学院就读大三的振武借了去。演出结束后，振武没再回学校，而是留在了乐队里。

振武家庭出身不太好，家里有人被划成右派，在那个年代很受排挤，每次去人民大会堂小礼堂演出，都不让他参加。破除一切旧思想后，振武才有了人生中第一次进入人民大会堂的机会。那是1967年，我们在人民大会堂为外宾演出《红色娘子军》。那天振武太高兴了，整个人都处于兴奋状态。在演出结束后的晚宴上，平时不喝酒的振武小酌了一点，竟然直接从椅子上摔倒，后来是大家搀扶着他离开了人民大会堂。

振武因为有小号的功底，在圆号的演奏技巧方面具有优势，他也颇为自得。但人有失手，马有失蹄。20世纪80年代，日本指挥家福村芳一先生来华，与中芭乐队合作演出音乐会，其中有肖斯塔科维奇第五交响曲和哈恰图良小提琴协奏曲（小提琴独奏由日本的一位年轻女演奏家担任）。记得乐曲中有一段圆号独奏，节奏错综复杂，在快速的十六分音符中行进，中间还不时出现十六分休止符。当时振武有些紧张，指挥福村芳一对他的音色不满意，当场叫停，对担任现场翻译的中提琴演奏员钱星南说换一位来演奏，结果就由另一位圆号演奏员杨杰完成了这一段。这件事一直令振武耿耿于怀。

替振武完成演奏的杨杰，早年从北京儿童艺术剧院调来中芭，也是夏教授的学生，被公认为中国音色最好的圆号手。很长一段时间里，我跟杨杰是邻居。他喜欢养猫，也喜欢下围棋。1983年的百花奖围棋邀请赛上，每位棋手都获得了一把“名人扇”，我那把是由濮存昕的父亲苏民先生题写的，我看杨杰爱不释手，就送给了他。

杨杰业务很好，但是性格稍稍有点怪，在思想方法上异于常人，所以有时给人感觉不是很好相处。比如，我记得他有一套理发工具，常常有人来找他帮忙理发，大多数时候他都会尽心尽力地帮忙，但有时候会理得很糟糕。有一次他解释说："你不想理的时候就得理成这样，那么下次他就不会再找你了。"

中芭乐队的首席小号手黄世明早年也就职于北京儿童艺术剧院，20 世纪 50 年代师从夏教授。1951 年，他从南京考入华北人民革命大学，只学了 7 个月就结业了。

老黄是一个非常刻苦的人，早年条件艰苦，夏天别说空调，就连电扇也没有。在闷热的天气里，老黄会找来一个汽油桶，把里面灌满水，自己站在汽油桶里面练习小号。他的小号演奏技艺在全国是屈指可数的，在芭蕾舞剧《天鹅湖》第三幕《拿波里舞曲》中的精彩独奏，不知倾倒了多少人。

早年在北京儿童艺术剧院的时候，拉大提琴的孙宝琪就与老黄过从甚密，经常在一起谈论业务。有一次他们聊起音色，老黄说："弦乐器音色的好与坏，除了运弓之外，重要的是左手的颤指（揉弦），动作要大而且快，音色才漂亮。我看外国的演奏家都是这样做的。颤指小而快，或者大而慢，都不好。"听了这话我大吃一惊，一位小号演奏员对弦乐器有如此精辟的理解，真让我敬佩。

老黄的妻子杨洵是山东人，原来是中央音乐学院附中钢琴专业的学生。那个班可是不得了，出了钢琴家刘诗昆和鲍蕙荞。传说鲍蕙荞当年就有着不一般的抱负，在获得乔治・艾涅斯库国际钢琴比赛第五名后曾说："我将来嫁人就嫁给第一名。"果然，后来她嫁给了乒乓球世界冠军庄则栋。

杨洵当时个子小，手也小，在钢琴专业上难有大的建树，学校有意让她以后留校教视唱练耳课，但她不喜欢当老师，于是就改了专业去学小提琴，师从著名小提琴家盛雪教授，同班同学有刘育熙、陈毓铸。从附中毕业后，她考入四川音乐学院，后来就被分配到了中芭。

1964 年，老黄和杨洵结婚时，夏教授亲临祝贺，并且给新人送来了礼物——两块进口的香皂，这在当时物资匮乏的年代非常珍贵。老黄和杨洵的儿子黄伟，和我家小中同岁，他们自小一起长大，是非常好的朋友。现在，黄伟在中央电视台担任律师。

后来，老黄的牙坏了，没法吹小号了，就迷上了中医和气功。这方面的事我不太懂，但我知道以老黄做事认真的性格，一定会有不俗的造诣。

朱绍卿是中芭乐队的大号演奏员，出生于河南温县一户贫农家庭，15岁时考入武陟师范学校，后移校焦作学习三年，当了小学教师；参军后从广州军区调到北京军乐团学习低音大号，曾多次在天安门广场参与国庆大典演出。1958 年，老朱来到夏教授班上进修，三年后进入北京舞蹈学校实验芭蕾舞团乐队。老朱从小就喜欢书法，兼习行楷，团里很多人都向他讨要墨宝。

1966 年“文化大革命”开始后，老朱是中间分子，而我当时一心想着共青团员要响应号召，“向资产阶级反动路线猛烈开火”，就参加了“井冈山战斗团”，没有想到，后来我们被定性为“造了无产阶级的反”，战斗团的负责人都被打成了反革命分子，我也被隔离审查八个月。

记得在那期间，专案组的姜希昆每次到我房间来让我交代问题时，总要在走廊里唱上一句“地主逼债似虎狼……”至今我都没有明白他唱这一句有何深意。那时候除了专案组成员来问话，别人对我唯恐避之不及，是不会来看我的，而敢到我这里来串门聊天的，就只有老朱了。他不在乎专案组对他有什么看法，也不怕别人说他有立场问题，仍旧我行我素，这在当时是非常不容易的，也是我敬重他的地方。后来，团领导刘庆棠在大会上说："朱绍卿是茅坑里的石头，又臭又硬，仗着自己出身好，不把领导放在眼里……"

时光流转，三十年河东三十年河西，谁能想到曾经贵为文化部副部长的刘庆棠后来成了阶下囚。更没想到的是，20 世纪 80 年代刘庆棠保外就医时，为了想看一场演出，求到了老朱头上。当时是日本松山芭蕾舞团演出《白毛女》，刘庆棠想要一张票，但是四处求人都被拒绝了。后来他给老朱打电话，老朱跑去找团里，团里听说是刘庆棠要票，还是不给。最后老朱跑到天桥剧场，找日本演出方要了一张票。这时候舞台监督对老朱说："你知道为什么团里不给你这张票？演出时文化部的领导要来看，见到刘庆棠那会是什么结果？我劝你不要管这事了。"老朱没听他的，最后还是把票给了刘庆棠，满足了这位老人的心愿。我觉得从这件小事上，很能看出老朱的为人。

退休之后，我跟振武和老朱见面比较多，因为我们常在老干部活动中心一起打麻将。有段时间，打完麻将后，我就开车把振武送到几公里外的洋桥。在车上闲聊时我才知道，他给学生上课的学费竟然是我的 4 倍。他还对我说，收费这件事要实事求是，要按行内的规则来，意思是我的课时费收得太低了。我笑了笑，也没有多说。我知道振武说得有道理，但我总是想，来我这里学琴的孩子们的家长都是工薪阶层，别给他们造成负担，别让孩子们因为费用的事学不起音乐。

本来打完麻将送振武回家于我并不麻烦，但我的儿子知道后坚决反对，说我岁数大了，注意力和反应速度都不及年轻时候，要是在路上出点问题，咱自己还好说，别的乘车人咱可担待不起。这样说了几次后，我也就不再送他了。

中芭乐队铜管声部在历史上曾经有过辉煌的时刻，几个分声部都有国内首屈一指的演奏家，他们是中芭乐队的骄傲。

中芭乐队的木管声部

中央芭蕾舞团乐队的木管声部前前后后有 30 多名演奏员，其中长笛、单簧管、双簧管的演奏员就有 10 名左右，巴松演奏员也有六七名。

周兰昌是双簧管演奏员，原本在中央歌剧院工作，中芭组建乐队的时候把他调了过来。周兰昌虽然没有在专业艺术院校学习过，但在中芭乐队的木管声部中一直担任第一双簧管演奏员，乐曲中的独奏部分都能完美地完成，尤其是他吹奏出的音色十分值得夸赞，评职称时也就理所当然地被评为国家一级演奏员。

1963 年我到中芭时，周兰昌担任共青团支部书记。“文化大革命”开始后，他没有参加任何组织，属于逍遥派。记得我的隔离审查结束的时候，周兰昌还特意来对我说了一番话：“你还年轻，今后的路还很长，犯了错误也没关系，改了就好，可不要背包袱啊。”我当时就感觉，这位团支书很是与人为善。

王大山是 1968 年来到中芭的长笛演奏员，1996 年文化部实行改革时，调入了中央歌剧院交响乐团。说起王大山，可能没什么人知道，但他的父亲王莘可是位大名人，是著名音乐家冼星海的门生，资历非常老，那首著名的《歌唱祖国》就出自他手。

关于这首歌，资料里是这么记述的——

1950年9月15日，第一个国庆节前夕，他（王莘）从天津到北京去购买乐器。返程路过天安门时，他忍不住下车，欣赏被金色晚霞笼罩的天安门广场。抬头看，一面鲜红的国旗在霞光中高高飘扬，令人心潮澎湃。32岁的作曲家灵感突现，“五星红旗迎风飘扬，胜利歌声多么响亮，歌唱我们亲爱的祖国，从今走向繁荣富强”四句歌词脱口而出。他登上返津的火车，思绪如飞，边唱边写边打拍子，歌词与曲谱几乎同时喷涌倾泻：“越过高山，越过平原，跨过奔腾的黄河长江……”

王大山年轻时喜欢骑摩托，有一次我们发现他的头盔表面坑坑洼洼的，漆也掉了好几块，以为他骑车出了事，都很担心。结果一问才知道，那是他的儿子小嶺的杰作。当时小嶺只有七八岁，特别淘气，他担心头盔不够结实，就趁王大山不在家的时候用锤子一通猛砸。等王大山回到家时，小嶺特别郑重地对他说：“爸爸，这个头盔你放心戴着吧，我试了，很结实。”小嶺闯了祸，却没有挨说，因为这一片心，让当父亲的王大山很是感动。

跟我同年来团的有两位木管演奏员，他们是上海音乐学院毕业生沙震中和中央音乐学院毕业生张怀冰。

沙震中是单簧管演奏员，技术很好，但第一次评职称时并没被评上一级。老沙有点沉不住气，在排练的时候竟然当众质问担任评委的卞祖善：

“为什么我没有评上？”祖善坦然相告：“这件事不是哪一个人说了算的，是评委会根据实际情况综合考评、上报名单，最后由文化部来确定一级演奏员的资质。”后来，老沙和张怀冰都被评为了国家一级演奏员。

张怀冰从年轻时就长得珠圆玉润，有个外号叫“皮球”。她的业务水平很高，在乐队里是第一长笛演奏员。

小中小时候问我，长笛明明是金属做的，为什么算在木管声部里？这个疑问，差不多所有第一次接触管弦乐队的人都会有，而我听到的答案有两种。第一种答案是说早先长笛确实是用椰木或者乌木制作的，甚至还出土过骨质的长笛，而 19 世纪现代长笛诞生后，才改用金属制作。第二种答案可能更合理一些，说木管乐器和铜管乐器是从发声方式上来区分的，木管乐器使用键孔式结构，一般情况下声振源来自乐器本身；而铜管乐器都是阀键式结构，号嘴是杯型的，通过乐手吹出的气流使上下嘴唇产生振动而发声，乐器只是相当于一个扩音器的作用。

小中 30 多岁的时候，有一天突发奇想，说想重新学一种乐器。可他嫌提琴太大众化了，满街都是会拉琴的人，显得没个性。他跟我商量，学点儿什么呢？要不学长笛吧，没准还小众一点。我就给张怀冰打电话，说了小中想学长笛的事。张怀冰一听就笑了，说：“你让小中趁早打消这个念头吧。他以为长笛很小众吗？你看看大街上有多少背着长笛的孩子？”后来小中说，看来只有学个埙之类的了。

大管演奏员王燕声是个有趣的人，性格十分开朗。记得 40 年前，我跟王燕声、金以宏，还有国际象棋全国冠军刘文哲，一起骑车到香山，一鼓作气爬上了“鬼见愁”香炉峰。

燕声业务很棒，但是没有上过高中和大学，文化基础比较差，闹过不少笑话。早年间我们从广州到深圳演出，火车一进站，他就指着站牌大声说："到了到了，'探川'到了！"惹得大家哄堂大笑。到了剧场，门口的广告牌子上有京剧表演艺术家裘盛戎的演出海报，这位白字大王又说了："这位可是名家'裴盛戒'！我知道，那是大腕啊……"

改革开放以后，燕声先后去了美国和新加坡。前几年，他到四川音乐学院担任客座教授，经过北京的时候，特意送给我一张CD，是他的巴松独奏专辑。

王燕声的巴松独奏专辑

最后说一说单簧管演奏员吴大轸。他毕业于中央音乐学院，是一位非常有趣的人。在中芭筒子楼的五楼，我们曾经做过多年的邻居。

吴大轸年轻时自命不凡，别人说起什么，他都是一撇嘴："俗，太俗！"结果久而久之，大家给他起了个外号叫"吴大俗"，此外号不胫而走，真名反倒没人叫了。

吴大轸个子矮小，口才极好，讲故事绘声绘色，身边总是围绕着很多孩子，我家的小中、小央，戴娅家的胡克等，都是他的小听众。有一次胡克缠着吴大轸讲故事，他说："那你得叫我三声'舅爷'。"意思是要当胡克妈妈戴娅的舅舅。胡克立刻就说"三声舅爷！"大家都开心得笑起来。

吴大轸爱好广泛，虽然本门武功单簧管技艺平平，但摄影、乒乓球水平都还不错，也比较自得。可是有人说了，在中国有两件事最好别吹牛。哪两件事呢？象棋和乒乓球。因为民间实在是高手如云。

当年，吴大轸追求女演员陈丽蓓时，使尽了浑身解数。某一年，我的外甥贾红光来北京上课，吴大轸听说红光喜欢打乒乓球，就非要约着打一盘，还特意邀请陈丽蓓前来观战。红光来北京上课没带球拍，用的是当年我的象棋导师孟立国送我的拍子。比赛在中芭的四楼礼堂举行，让吴大轸没有料到的是，红光的球技比他高出许多，杀得他只有招架之功，全无还手之力。第一局结束后，陈丽蓓就离席而去，之后红光直落三局，轻松胜了吴大轸。从那以后，吴大轸再也不提打乒乓球的事了。

吴大轸经过多年努力，最终抱得美人归，但是不知为什么，两人结婚不久就分开了。听说后来陈丽蓓去了美国，吴大轸去了西班牙。有一年，吴大轸从国外回来，想请我共进晚餐。当时我正在老干部活动室打麻将，想着把牌友丢下不妥，就婉言谢绝了。这事被小中知道后，连连怪我，说："打牌哪有那么重要？吴大轸叔叔不远万里回来，想跟老邻居一起吃顿饭，这点儿愿望你都不满足他……"我知道，小中心里对吴大轸是很有感情的。

如今，周兰昌、王大山、沙震中和张怀冰都已经去世了。想起我们年轻的时候，曾经一起坐在乐池里，剧场的灯光转暗，谱台灯亮起，乐手们开始轻轻地试音，然后全场安静下来，指挥缓缓抬起手臂……这场景如在眼前，久久挥之不去。

指挥家卞祖善

卞祖善是中央芭蕾舞团交响乐团的首席指挥，比我早来团里两年。几十年来，他指挥中芭排演了多场交响音乐会，以及《巴黎圣母院》《吉赛尔》《海侠》《天鹅湖》《红色娘子军》《祝福》《林黛玉》《罗密欧与朱丽叶》《堂吉诃德》《泪泉》《西尔薇娅》等中外芭蕾舞剧，还先后指挥过原中央乐团、中国广播交响乐团、中国电影乐团、上海交响乐团、天津交响乐团、广州交响乐团等全国著名交响乐团。

祖善是江苏镇江人，1936 年出生在一个城市贫民家庭。他还是孩童的时候，就常常到金山寺芦苇滩挖捡芦苇，背回家当柴烧。有时家里断炊，

正在指挥的卞祖善

还要靠慈善机构施舍米粥度日。11 岁时，他被迫辍学，孤身一人流浪到上海，被基督教难童教养院收容。在那里的唱诗班上，他接触到了音乐。

1949 年 5 月上海解放后，祖善考入育才学校，这时他的音乐才能显现出来，由陈贻鑫[①]老师引领步入艺术的殿堂，先是师从毛宗杰学习钢琴，待育才学校并入上海音乐学院附中后则改学作曲，后来以优异成绩升入上海音乐学院本科，被选送到指挥系。1961 年大学毕业后，他被分配到北京舞蹈学校实验芭蕾舞团，成为新中国培养的第一批交响乐指挥。

有一次，在回忆校园时光的时候，祖善特别说起，当时在学校里，蚊帐、棉衣、洗脸盆等日用品都是国家发的，他一直珍藏着几十年前领到的一个洗脸盆，虽然上面的搪瓷掉了一块又一块，盆底也换过了，但是他一直没有扔。他说："这是党和人民培养我的见证。"

20 世纪 60 年代，祖善在"文化大革命"中被打成了现行反革命。试想这样一个满怀对党和社会主义感激之情的人怎么可能是反革命？难能可贵的是，当祖善还戴着"现行反革命"的沉重帽子时，一位善良的姑娘李寿香居然顶着巨大的压力与他结为伉俪。虽然他们的新房很窄小，没有欢快的音乐，也没有好友的祝贺，但毕竟是在逆境中有了一个温暖的家。

后来，祖善得到了平反，他总觉得对不起夫人，亏欠她一场隆重的婚礼。于是，在 1994 年 4 月 30 日，由全国文联主席、音乐家吴祖强为他们在杭州主持了一场迟到的特别婚礼。海内外许多著名音乐家纷纷来电来信

---

① 陈贻鑫，1926 年生，湖北省武汉市人，著名指挥家。1939 年入育才学校音乐组学习，指挥风格严谨正规，手势干净，线条清晰，一生指挥演出了数十部交响乐、歌剧与舞剧作品，创作有四部合唱《谷子在仓里叫》、管弦乐曲《抗战随想曲》、交响诗《抗洪凯歌》等。在近 60 年的音乐教学生涯中，培养了不少优秀的指挥家、演奏家，可谓桃李满天下。

祝贺，李寿香也披上了台湾友人特意赠送的一套婚纱。

我与祖善的交往跨越了半个世纪。

祖善也会下象棋，虽棋艺平平，但颇有兴致。20世纪60年代中期，我结识了北京队专业棋手刘文哲，他喜欢文学艺术，时常来团里玩，既观摩芭蕾舞剧排练，也同我下指导棋。有时候，我们在祖善的房间里下棋，祖善在一边看，然后饶有兴味地听文哲复盘讲解哪着棋是好棋，哪着棋不妥。有时候下完棋后，文哲还会请我和祖善到外边的小饭馆吃顿便饭。应该说，那是一段难忘的时日。

1963年年底，我随团赴上海人民大舞台演出。当时，乐队全体成员就住在后台楼上的大屋子里，大家同吃同住像是回到了校园集体生活时光。那是我第一次去上海，一到休息的时候，祖善就领我到外滩散步，还带我乘坐轮渡到浦东转了转。让我觉得意外的是，当时两岸的码头上只有一个售票处，只需买一次票就可以直接往返，节省了大家的时间。这件小事让我对上海人的精明有了切身体会。

每一位指挥都有自己的强项和弱项。在中芭乐队的多位指挥中，祖善的指挥手法相对一般，缺乏音乐激情，但他的音乐理论修养无人可及，这是大家所公认的。祖善在乐队担任指挥的时间最长，又很用功，在作品涉猎的广度、对乐队演奏的要求等方面都很出色。祖善的博闻强记也是出了名的。有一次，乐队演奏员钱星南、郑焕然和曹长树拿着一本苏联作曲家普罗科菲耶夫的作品请祖善看一下，结果他马上就把这部交响乐问世的来龙去脉包括大致段落和配器安排说了出来。这样的事情还有很多，让我非常佩服。祖善还是一位称职的乐评人，自1996年起，连续在中央电视台担任维也纳新年音乐会的点评嘉宾。

我的一位女学生过婧，考入北京大学担任北大交响乐团的团长后，请我抽空去乐团讲讲课，我便建议她去请祖善，因为祖善理论修养完备，对各流派作品了如指掌。果然，祖善的音乐讲座备受学子欢迎。其实，我推荐过婧去找祖善，也是因为那时候祖善已经退休，开始全身心投入交响乐的社会普及工作中。他曾说过一句话："如果没有听众，交响乐便失去了发展的基础。听众需要引导，我愿为之努力。"

祖善为人严谨，在交友方面也很慎重，有时会给人不易接近之感。他在艺术观念上有着独特的认识，并且很难妥协。2001 年，在北京电视台的谈话类节目《国际双行线》中，祖善和谭盾[①]因音乐观念不同而发生争执，谭盾当场愤然离座，拂袖而去。这件事后来被媒体广泛报道，成为当年音乐界的一场风波。对于祖善当时的现场表现，有人认为他过于严苛和不近人情，但祖善自己不这么觉得，他后来说："讨论问题就是要把分歧表达出来，要是一味说好，你好我好美言鲜花，嘻嘻哈哈地夸赞一番，还有什么讨论的意义呢？"

20 世纪 80 年代，当我翻译完《中提琴艺术史》一书后，本想请中央音乐学院的吴祖强院长作序，但老薛提议说："还是请卞祖善来写吧，他与你一起工作了 20 多年，对你更了解。"祖善欣然命笔，为我的译作写了序

---

① 谭盾，国际享有盛名的作曲家、指挥家。1978 年考入中央音乐学院作曲系，与瞿小松、叶小纲、郭文景并称为"作曲系四大才子"，曾获奥斯卡最佳原创音乐奖、格莱美大奖、格文美尔大奖、巴赫奖等一系列国际顶级音乐奖项，被纽约时报评为"国际乐坛最重要的十位音乐家"之一，并入选世界十大中文媒体评出的影响世界的十位华人。

言，此文后来也收入了他的音乐文集《乐海管蠡》中。

《中提琴艺术史》一书的中译本在我国问世了，这是一件值得庆贺的事，说明中提琴艺术在我国越来越引起人们的重视。作为读者，我向译者和出版社表示感谢，感谢他们做了一件十分有意义的工作。

吴育绅同志是一位出色的中提琴首席，又是一名富有经验的中提琴教师。他精心编写了一套完整的中提琴教学大纲和中提琴教程（三册中提琴练习曲和一册中提琴教程），并改编了一些中提琴作品。他曾同时教授来自首都和外地的十多个艺术院校和专业团体的中提琴学生；从 1981 年起他组织了一年一度的中提琴演奏会，以促进中提琴演奏艺术交流，提高中提琴的演奏水平和教学水平，同时向社会介绍一些中提琴曲目（如巴托克、欣德米特、沃尔顿的协奏曲等），并呼吁我国作曲家“多为中提琴写出好的作品”。在上述演出活动中，他指挥演出的巴赫第三号和第六号《勃兰登堡协奏曲》还具有某种象征性意义，标志着我国中提琴的专业队伍正在壮大成长，显示育绅同志多年来在我国中提琴艺术园地中付出了辛勤劳动，获得了可喜的成果。他深知理论的重要性，经过不懈的努力终于译成了此书。我相信在发展我国中提琴艺术的历史进程中，本书也将发挥良好的作用。

1988 年元月于北京

老友金以宏

说起金以宏，那可不是一般的人物。按老薛的话说，学音乐的人一般都比较聪明，但能够有金以宏这般灵气的人，实在是凤毛麟角。

以宏是北京人，中央音乐学院小提琴专业的高才生。在他还没有毕业的时候，就加盟到刚刚组建的北京舞蹈学校实验芭蕾舞团，那是 1961 年的事了。

20 世纪 60 年代末，我跟老薛一直两地分居，有一段时间我独自在北京带着小中，生活有诸多艰难。以宏便伸出援手，常把小中接回位于半步桥的他父母家，一住就是几天，以宏的妈妈像对自己的亲孙子一样照顾着小中。当时，以宏和李慧刚结婚，还没有孩子，也常带着小中出去玩。有一张照片是李慧和小中在一起，别人看了都说，两人的神情比母子还要亲切呢。

以宏属于善于思考，也敢于说话的那类人。记得有一年我们到上海演出，住在剧场后台，条件比较艰苦。团里领导安排主要演员、指挥和声部长住二楼，两个人一个房间，其余演奏员就在一楼睡大通铺。以宏对这样的安排有意见，不知从哪里买来了一只小乌龟，养在脸盆里，没事就拿出来玩，一边让乌龟在柱子上爬，一边大声教训说:“爬，你爬啊！我看你再

以宏与小中

李慧与小中

怎么使劲也爬不到二楼去！”大家听罢哄堂大笑，结果他挨了领导一通训，说他态度不端正，讲怪话。

以宏不仅勤于思考，还有着非常强的动手能力，在美术、造型等方面更是无师自通。记得他刚刚有了女儿金燕的时候，疼爱得不得了，出差去广交会时总想给女儿写信，可是女儿只有五六岁，还不认识几个字，以宏就用图画代替生字。这封信后来在我们团里广为流传，因为实在是太有趣了。

比如，以宏想告诉女儿我们是几号几点钟到的，就画一个日历牌，一块手表；想说广州天气很热，就画上一个人在扇扇子；想说早茶吃了云吞、凤爪、小排骨，也都一一画出来。我印象最深的是，以宏最后说自己的钱包在街上被偷了，就画了一个獐头鼠目的小偷，然后说爸爸现在是无产阶级了，落款就是一个穿着工装裤的自画像……

以宏用塑料管和金属线做的帕格尼尼像，身着燕尾服，琴头高高扬起，栩栩如生；用铁皮做的猫头鹰烛台，是那个年代不可多得的工艺品。有一段时间，以宏迷上了金属雕塑，从废品收购站搬回来很多废旧零件，家里就像是一个小型加工厂，里面有车床、钻床、焊机等。渐渐地，他的作品开始向大型化发展。

20 世纪 80 年代的一天，以宏忽然说想开一家生产金属工艺品的工厂，需要一位模具钳工。老薛的弟弟薛向阳当时在苏州电讯器材厂工作，是一位资深钳工。以宏知道后，极力劝说向阳辞去现职前来入伙，但向阳还是担心去这样的小厂未来没有保障，最终与这个机会失之交臂。

说了那么多提琴以外的事，如果大家以为以宏是个不务正业的音乐人，那可就错了。其实，以宏的小提琴演奏水平很不一般，音乐素养也相当全面。我和他一起演奏过亨德尔的帕萨卡利亚小提琴中提琴二重奏，这部作品我曾与多位小提琴家合作过，包括贾红光、夏三多、张云璋、郑凯林等，但唯独以宏的演绎让我至今难忘。

就是这样一位小提琴高手，却没有评上正高职称，这又是怎么一回事呢？

那是 1996 年 10 月 30 日至 12 月 8 日中芭南巡演出的时候，到了南京，团领导要求各部门立即着手进行职称评定，并将结果上报文化部。当时我和以宏都是乐队的评委，在讨论的时候，大家一致评议以宏为一级演奏员。没想到，以宏坚决不同意，他说："如果你们坚持这么做，那我立刻买票回北京。"大家觉得他这样的反应有点过激了，但是以宏有自己的见解，他说："因为我是评委，所以这次就坚决不能把自己评为正高，否则大家会怎么看？评委会如何建立公信力？"

我觉得以宏说的有一定的道理，那时候我还担任着中芭交响乐团团长

我在演出排练现场讲话（1996 年秋）

的行政职务，心想下一次不让以宏做评委了，到时候再评他为正高，谁也不会有意见了。没有想到的是，造化弄人，直到退休，以宏也没有评上一级演奏员，这也是我心中一个永远的遗憾。

世界上原本就有些奇妙的机缘。让人没有想到的是，我和以宏这样的多年老友，后来又成了亲戚。

事情是这样的，我二姐的小儿子贾红天与以宏的女儿金燕相识相爱了，他们一同移居加拿大，现在在温尼伯格生活，并且有了自己的孩子。而以宏与李慧也办好了移民手续，在不久的将来，就要去大洋彼岸与儿女团聚、安度晚年了。

师兄姜克

在中央芭蕾舞团乐队里，姜克是一个不能不提的人，他既是我的东北老乡，又是我在沈阳音乐学院时高我两届的学长。

姜克是学双簧管专业的，他出身贫农，在大学里堪称社会活动家，担任过学生会主席。可能是因为他出色的工作能力，让他的主课老师陈敏对他另眼相看，那时候中央音乐学院请外国专家来华授课，沈阳音乐学院选派少数几名学生参加专家班的学习，其中就有我这位师兄。然而，姜克年龄偏大，基础也不是很好，所以在专业方面一直没有太好的成绩。

姜克虽然是苦孩子出身，但这不妨碍他喜欢上富家小姐。当年跟老薛同班的武达萱，是一位来自上海的漂亮姑娘，娇小玲珑，一口吴侬软语，自幼家境优越，学的是钢琴专业。姜克对她一见倾心，从附中到大学，经过了长达六年马拉松式的努力，终于在毕业前赢得了南方姑娘的芳心。

别看姜克老兄专业课一般，可他运气很好，1961 年毕业的时候，正好赶上北京舞蹈学校实验芭蕾舞团成立，他就成了中芭乐队的第一批成员。到我毕业的 1963 年，他向团里领导郑重建议，应该招收我这个国内首批中提琴专业的学生到乐队来。就这样，我和姜克师兄成了同事。这一年，武达萱也来到了中芭，成为演员队的钢琴老师，平时的主要工作就是为演员上课时弹伴奏。

工作后没几年，“文化大革命”就开始了。姜克那时候已经担任乐队队长，在很多需要表态的时候，他都表现得比较缓和。遇到外边的红卫兵来揪斗走资派、动手打人，他不能直接阻止，就笑呵呵地走上前去说：“小将们，你们辛苦啦，先坐下喝点水吧。”这样的事情他做了不少，于是造反派给他起了个绰号叫“笑面虎”。

1966 年春天，我的长子小中出生，到了夏天，姜克和武达萱的女儿姜彤也出生了。姜彤小时候的样子很像姜克，眼睛细细地眯着，很多老同学看了，就会说：“武达萱，你的女儿怎么长成这样？简直太不像你了！”这时候，姜克总是在旁边憨厚地一笑。

姜克的性格非常温和，总是宽以待人，但他有时候稀里糊涂的，闹过不少笑话。

有一次，姜克去长影外调，住在长影招待所。那时候讲的是在各种场合都要说毛主席语录，最高指示不过夜。可是，那两天姜克不是在火车上嘛，就错过了最新语录的学习。到食堂吃饭的时候，里边的炊事员说“办学习班是个好办法”，他应该接上下一句“很多问题都可以在学习班里得到解决”。可他不会啊！接不上来，他就只好满脸堆笑地说：“对！对！要办，回去就办。”

20 世纪 70 年代初，中芭出访欧洲社会主义阵营的阿尔巴尼亚、罗马尼亚和南斯拉夫。刚到布加勒斯特的酒店，就有一个乐队队员报告说自己的箱子丢了。这可是件大事！姜克赶紧和他一起把所有的行李翻了一遍，然后把大伙集中起来讲话：“我们在国外不能放松警惕，除了拿枪的敌人，还有不拿枪的敌人，他们时时刻刻想着搞破坏。箱子丢了，看起来是个小事，其实并不是小事。破坏我们演出，就是破坏宣传毛泽东思想……”姜克正说得来劲，下边有人指着他说：“哎，你手里拿着的，不就是他的箱子吗？”

姜克就是这么个可爱的人，虽然有时候挺古板的，但他是个表里如一的人，这么多年来，始终能做到先人后己、与人为善，所以在乐队里很受大家尊敬。我说过，这一辈子我身边有两个我最佩服的共产党员，一个是我四姐吴翠云，一个就是我们的乐队队长姜克。

一晃，几十年过去了，我们的孩子也都长大了。小中和姜彤从小学到中学一直是同学。姜彤小时候学过提琴，也跟我上过课。1985 年，一个偶然的机会，武达萱把小中在中学里出版的作文选介绍给了中国人民大学新闻系的老师，时任系主任何梓华先生比较欣赏小中的文笔，于是小中有了保送中国人民大学新闻系的机会。姜彤在大学时就出国了，她很有语言天赋，除了英语，法语和西班牙语也都很出色，后来成为著名投资机构高盛集团的高级管理人才。

记得 1988 年，电影《红高粱》上映了，小中受电影里西北风的影响，花 8 元钱买回来一把唢呐，想学着吹《颠轿歌》，可是总吹不出个调。我向他建议：“去找姜克伯伯取经吧，因为唢呐和双簧管都是簧片振动发声的乐器，姜克伯伯一定有办法。”过了两个小时，小中很高兴地回来了，再一吹，果然有了很大起色。原来姜克很耐心地教给他一些方法，用火烧、刀削、砂纸磨，把簧片弄薄，自然就容易发声了。

20 世纪 80 年代，我录过一些中提琴曲，有《草原上》《马头琴的歌》

《季托夫浪漫曲》《二泉映月》《闹元宵》《C 弦上的换把练习曲》等，都是请武达萱这位钢琴专业的高才生帮我弹的钢琴伴奏。

那个时候，我们都年近半百了，可当音乐一响起来，仍都情不自禁地想起在学校读书、练琴的时光，想起那时年轻的我们，武达萱管老薛叫“小鼻子”……一切就和昨天一样。

老大哥李文泽

我在沈阳读书期间，从音乐学院附中到大学毕业，都没能加入共青团。

在当时的政治环境下，每个同学都是特别要求进步的。我的家庭出身是工人，仍尚未被吸收入团，当时还是我女朋友的老薛，她的母亲是右派，她入团简直就比登天还难。

老薛在大学里是活跃分子，喜欢朗诵。有一年的迎接新生晚会上，她代表系团总支朗诵了一首诗，里面有这样几句："共青团敞开了大门，欢迎你啊，年轻人！"老薛朗诵完，回到宿舍默默地流下了眼泪，因为共青团的大门永远不会向她敞开了。

令我没有想到的是，我到了北京工作以后，沈阳音乐学院居然给中芭（当时叫北京舞蹈学校实验芭蕾舞团）的团委寄来一封信。信上说，吴育绅同学各方面表现出色，已经通过团组织的考核，只是因为毕业前夕时间仓促，没有来得及办理入团手续，请您单位酌情考虑，尽早吸收他加入团组织。

这封信的内容是时任中芭党委书记刘庆棠告诉我的，他代表组织约我谈话，希望我继续努力，早日加入中国共产党。

我的入团介绍人有两位，分别是姜克和李文泽。

姜克是我在沈阳音乐学院的学长，双簧管专业，比我高两届，调我到中芭工作就是他向团里建议的。

李文泽跟我在一个声部，是从四川音乐学院毕业的，以前的主科是小提琴，到了中芭之后，因为工作需要，就改拉中提琴了。

1966 年 2 月，团领导找我谈话，让我担任中提琴声部首席，当时我只有 27 岁。以前住集体宿舍是两个人一个房间，担任首席后我就一个人住了，所住的那间屋子同时也是我们分声部的排练室。我那时候年轻，精力旺盛，晚上不是练琴就是下棋，很晚都不睡。文泽常常过来叮嘱我早点休息，像个老大哥的样子。

1966 年夏天，“文化大革命”一把大火烧到了文艺界，我和文泽都加入了“井冈山战斗团”，中芭里的大字报铺天盖地。

专案组几次找我谈话，说李文泽、卞祖善等人有恶毒攻击伟大领袖毛主席的反革命言论，要我老实交代。我辩解说：“我们都是共青团员，响应毛主席的号召，关心国家大事，将‘无产阶级文化大革命’进行到底，我们怎么会攻击伟大领袖毛主席？”然而，卞祖善和李文泽随后就被打成反革命分子，直接送到干校去劳动改造了，我则被撤掉了首席，进行隔离审查。

我知道，专案组对我的态度是不满意的，但又苦于没有什么证据。他们给我起了个绰号叫“狗头军师”，意思是坏主意都是我出的。其实还真不是，我在当时的组织里属于温和派，每到与保皇派发生冲突时，我都是去劝说“要文斗不要武斗”的角色。与我有着相同想法和做法的是孙学敬，有人给我们起了外号叫作“大抹”和“二抹”，意思是我们斗争意识不强，专门抹稀泥。

就是在那一段隔离审查期间，我学会了吸烟。因为那时候，我思想上很苦闷，看不到前途。结果，这个习惯就一直延续了下来，在排练间隙，我总会跟其他烟民聚在排练厅外面，边聊天边抽上一两支。

到了 20 世纪 80 年代，音像市场开始活跃起来，我们开始有大量的进棚录音工作。当时最有名的是一个叫作“首席乐队”的小群体，顾名思义，成员都是在京各个乐队的首席。我是这个乐队的成员，常去参加录音，但我有一个毛病，只要一戴上耳机，听到录音师说“开始”，就会条件反射地咳嗽一下，这时录音师就会马上叫停，让重新开始。

这样耽误大家的时间，我很是不好意思。正是那个时候，我有了戒烟的想法。

文泽听说我要戒烟，根本不相信。他说：“你要是能戒烟，我就能戒饭。”

结果我还真的就戒了。

我对文泽说：“看见了吧？我真的不抽了。你呢，说过的话算数不？”

文泽笑了，说：“算数算数。你没看见啊？我现在每天都不吃饭了，改吃面条了！”

大提琴家孙宝琪

孙宝琪是中央芭蕾舞团交响乐团的首席大提琴。他是天津人，原本是北京儿童艺术剧院乐队少年班的生员，跟随中央音乐学院的老师学习大提琴。

中央芭蕾舞团的前身是北京舞蹈学校实验芭蕾舞团，当年团里成立管弦乐队时，从北京儿童艺术剧院调来一批演奏员，宝琪就是其中一位，而大提琴声部的首席是一位女同志——北京儿童艺术剧院乐队指挥葛艺琳的夫人程新春。后来成立中央芭蕾舞团时，整个舞蹈学校的乐队就全部调过来了。

孙宝琪

1963年，我大学毕业到剧团时，剧团的名称还是北京舞蹈学校实验芭蕾舞团。我是乐队里最后到来的一批人，同时来的还有中央音乐学院毕业生李祖英（小提琴）、张怀冰（长笛），上海音乐学院毕业生张耀国（双簧管）、石志航（大提琴）、沙震中（单簧管），加上我一共 6 人。至此，管弦乐队 60 人的编制齐全了。当时的第一任乐队队长是吴海楼，为人质朴，年龄较大，也挺有威望，是我们这些年轻人的长辈。

宝琪比我小一岁，我们一起共事了 30 多年，可以说是相互间比较了解。宝琪身材比较胖，坐在那里，很是沉稳。有一次聊天的时候，他说自己从 13 岁起，双手便不能摸到另一侧的胳肢窝了。

宝琪的大提琴演奏音色非常好，他担任中芭乐队的大提琴首席多年，在许多大型舞剧和交响乐中担任独奏，外界好评也很多。渐渐地，他就有些自负，曾在不同场合自诩为“亚洲大提琴第一人”，但对于这种说法，大提琴圈里的人似乎并不认同。

1996 年，文化部要求对直属单位的演奏员进行业务考核，我们弦乐考评小组的组长是著名指挥家李德伦先生，当时中芭的乐队首席郑凯林、宝琪（大提琴首席）和我（中提琴首席）都是评委。考评在中央乐团进行，其间我和宝琪每天都搭乘凯林的车一同前往。

当时，文化部颁布了一个新的政策，就是部里各直属单位的演奏员可以自由流动，去报考自己喜欢的乐团。在车上，我们说起这件事，就聊起来各自下一步的去向。宝琪、凯林二人都说要去中央乐团，也怂恿我一起去，我当即表示我哪儿也不去，就待在中央芭蕾舞团了。

后来，中央乐团那边有话传过来了——“孙宝琪要来，欢迎！只是得坐在后边（意为不能担任首席），还要改一改他骄狂的毛病才行。”——听到这样的话，宝琪很郁闷，也打消了去中央乐团的心思。

宝琪在乐队里，资格老、地位高，有些恃才放旷。记得有一次，小乐

艺术人员应聘资格考评管弦专业考场留影

队在广播电台录制一个音乐节目时，作为大提琴声部首席的宝琪与指挥卞祖善在现场吵了起来。当时的情形是这样的：

大提琴声部休息若干小节后该进入时，祖善没有给宝琪手势，大提琴声部就没有按时进入，于是两人发生了争执——祖善要求首席自己按时进入，宝琪要求指挥给手势。祖善说："别的声部没给手势都能自己进，唯独你该进来时不进来，这是为什么？"宝琪当时一言不发，拿起大提琴就走人了。

我是这次录音的组织者，为了照顾宝琪的面子，我不好当场发表意见，但是心里认为宝琪这样做是不对的。我当即打电话请另外一位大提琴手到场救急，并且决定扣除宝琪的录音劳务。

我与宝琪不仅是多年的同事，也曾经是关系不错的朋友。有一件事我始终记得，并且在心中感谢宝琪。

那是 1978 年，日本松山芭蕾舞团访华，在北京天桥剧场与我们中芭乐队合作演出芭蕾舞剧《葛蓓莉亚》。舞剧中有一段中提琴独奏，由我来担任。那天晚上有演出，而我中午一直在下棋，没有好好休息。到了晚上独奏的时候，整个乐池里只有我的琴声，意外就在此时发生了，某一刻我好像忽然神飞天外，就那么一秒钟的恍惚，演奏险些中断……就在这时，宝琪的大提琴响了，原来他一直无声地在自己的琴上跟随着我的演奏进程……宝琪用大提琴演奏了几小节后，用眼神告知我“你继续往下拉吧”，我便接下去完成了这段独奏。宝琪的这次临场救急，帮了我也帮了整个乐队一个大忙，体现了一个职业演奏家处变果决、从容不乱的风范。

在感激宝琪之余，我也很愧疚、很自责，在独奏的时候，我还是不够全神贯注啊！当时的指挥是刚刚到中芭工作不久的黄立民，他第二天到我家问我：“今晚的演出，独奏部分还是由你来演奏，没问题吧？”我当即表示：“一定演好，请放心！”

我与宝琪交往比较多，不仅因为我们同是乐队弦乐声部的负责人，更因为我们有着共同的爱好。宝琪也喜欢围棋，水平也不错，在中芭的诸多棋手中位列前六名。“方城之风”日盛时，我们也经常一起打麻将。打牌的时候，他的急脾气还是改不了。比方说一局结束后，有牌友说：“你们看，我这牌相当不错！”宝琪就会打断人家：“你那牌好什么！我要不打错早就和了！”后来，常在一起玩牌的作曲家程恺对我说：“你抽空劝劝宝琪，让他别那么急躁。总是不让别人说话，弄得大家不愉快，何必呢？”我就找个机会对宝琪说了，他听后还真当回事了，下次牌局结束后，等别人都走了，他特意问我：“今天我的表现怎么样？”我予以赞扬，说：“很好！希望你再接再厉。”

后来，我与宝琪的交往却渐渐少了，这还要从我做乐队负责人说起。

在文化部的一系列改革举措中，有一项是把中央歌剧院与中央芭蕾舞团合并成为中央歌剧芭蕾舞剧院。原来的两个乐团合为一个乐团，团长由原中央歌剧院的乐团负责人金济广担任，我则被任命为副团长。其实，这个合并后有 130 多人的交响乐团只在一起演出过一次贝多芬第九交响乐，当时是由李心草指挥，其余时间两支乐队还是各自为战。我呢，只负责中芭乐队的事情，所有的工作就是围绕着我们芭蕾舞剧的演出。

前面说过，那时候允许乐团间自由流动了，于是各单位有了一些人员的变动，中芭也不例外——乐团首席郑凯林去中国交响乐团担任二提琴首席，李晶到中央歌剧院乐团担任中提琴首席……到了最后，乐队只剩下了 29 人。我只好吸纳几位中央音乐学院的应届毕业生，又请回来一些退休的老同志，有时候还要从外单位临时借几位演奏员，这样勉力支撑，才能完成芭蕾舞剧的演出任务。

宝琪当时并没有办理提前退休手续，可就是不来上班。有一次团里计划演出四场《天鹅湖》，我对他说：“你回来参加演出吧，现在新来了一位女孩坐在首席的位置上，新人总是要有锻炼的机会嘛！独奏部分你和她各演奏两场，如何？”宝琪当时同意了。

我知道宝琪比较挑理儿，就特意在演出之前让乐团秘书马为民给他打电话，征求一下他的意见——他不担任独奏的那两场演出，是愿意坐在副首席位置上，还是不参加了？结果马为民告诉我：“孙老师接听电话后，只说了一句‘我一场也不演了’，就把电话挂了。”

1996 年年底，我们乐队应邀去山东淄博举办音乐会，指挥是张毅。当时组织者派来两辆大客车停在中芭门口，待我们全部入座之后，宝琪面带微笑，上车与我们一一握手送别。那真是出乎我意料的事情，因为自从我担任乐队的负责人后，宝琪就没有来上过一次班，平时排练演出也从不露面，怎么这次会特意来为大家送行？我百思不得其解。

我们当天就抵达了山东。第二天清晨，我忽然接到团里的电话，说宝琪去世了。我在震惊之余，急忙与当时的副团长孙学敬商量，决定让他与张雨尘（负责演出外联事务）、李文泽（乐团演奏员）三人即刻返回北京，做好宝琪后事的妥善处理，并请李文泽为宝琪写一篇悼词。

我们返回北京时，正是宝琪追悼会的前一天，我作为乐团的负责人当然要去为他送行。可是，中芭领导告诉我不要去了。因为宝琪的家属提出来追悼会不要让两位同志来，一位是乐团指挥卞祖善，另一位就是我。

我可以理解宝琪生我气的原因，他认为我做了乐队负责人之后对他关照不够，舞剧独奏的机会还要他跟年轻人分享。另一个原因是 1991 年首都文艺界围棋联谊会应邀赴日本进行友好访问前，我曾在决定代表团名单时提出要请宝琪参加，可是时任秘书长李洪洲认为一共就去五名棋手，中芭占两个名额不合适，我便没有坚持。虽然我认为按照弈棋的实力，宝琪比许雷、姜昆水平都要高一些。

至于不想让卞祖善去追悼会，我想应该跟那次录音冲突有关系吧。

我没能去参加追悼会，只能在家里，默默送别这位相处多年的老同事、老朋友。透过窗户，我看见一辆大客车驶出院子，很多往事一幕幕地在眼前闪现——

我刚来到北京时，第一次与乐队的同事下盲棋，宝琪是三位对手之一，他下得特别认真。

在音协举办的一次音乐会上，我和凯林、宝琪一起在人艺剧场演奏贝多芬弦乐三重奏 D 大调《小夜曲》。

在乐池里，宝琪稳稳地接上我险些中断的独奏，让《葛蓓莉亚》的演出得以继续下去。

宝琪走上大客车，微笑着跟同事们握手。也许这一次告别，真是冥冥之中的天意？

……

宝琪，一路走好！天堂里会有你优美的大提琴声。

作曲家程恺

作曲家程恺是山东曲阜人，孔圣人的老乡。说起我与阿恺的相识，是在 20 世纪 60 年代。那时正是“文化大革命”时期，阿恺是中央音乐学院 67 届的学生，在学校里是运动积极分子，被同学们推举为小领导。毕业后，他被分配到了中芭（当时叫中国舞剧团）创作室，和我成了同事。

说起程恺这个名字，很多人会觉得陌生，但是要说起他写的一首歌——《毛主席是咱社里人》，那在我这个年纪的人当中真是如雷贯耳。

千山那个万水呀连着天安门
毛主席是咱社里人
春耕夏锄全想到
防旱排涝挂在心
八字宪法亲手定
丰产的道路细指引
……

据说，当年阿恺二十郎当岁，脚踩家里手工纳的千层底土布鞋，脖子上搭条崭新的白手巾，风尘仆仆地赶到北京的考点，说着一口山东土话，作曲系的考官还真没正眼瞧他。可当这个小伙子从书包里拿出《毛主席是咱社里人》的曲谱时，考官眼前立马有光芒四射的感觉。

后来阿恺说，那都是坊间乱传的，其实他考中央音乐学院的时候，这首歌还没有出名呢。

阿恺告诉我，这首歌的歌词当时发表在广州的一本歌词刊物《心弦》上，作词者叫张永枚，是一位军人。阿恺那时候19岁，正在念高中，自学音乐时发现了这首歌词，因为写的是农村生活，他就用陕北民歌的调式谱了曲。为了便于发表，他专门把曲谱寄到陕西的《群众音乐》，结果很快就登了出来。让他没有想到的是，1961年春天，中央人民广播电台的《每周一歌》播出了郭兰英唱的这首歌，从此就传遍了大江南北。

播出的时候，电台文艺部的一位编辑王丹对歌词进行了一些改动，所以署名是：作词张永枚，改词王丹，作曲程恺。后来，由于张永枚在政治上犯了错误，就将其署名从词作者的位置上抹去了。

阿恺分配到我们团之后，很快就进入到舞剧音乐创作中。20世纪70年代初，团里同时开始了芭蕾舞剧《红嫂》（后改名为《沂蒙颂》）和《草原英雄小姐妹》（后改名为《草原儿女》）的创作。阿恺是山东人，团里原本安排他与杜鸣心、刘霖、刘廷禹三位作曲家在《沂蒙颂》组，但后来他被调到《草原儿女》组，跟石夫、葛光锐一起，到四子王旗采风、深入生活，创作舞剧音乐。

阿恺离开了《沂蒙颂》组，却留下了一首歌的歌词，后来成为舞剧的主题曲。要是问《沂蒙颂》的主题曲是什么，人们不见得说得上来，可要是一说“熬鸡汤”，几乎无人不晓。这首曲子沿用了沂蒙山小调，朗朗上口，歌词亲切淳朴而有生活气息，一经公演很快唱红全国。

炉中火
放红光
我为亲人熬鸡汤
续一把蒙山柴
炉火更旺
添一瓢沂河水
情深谊长
……

到了《草原儿女》创作组后，阿恺写了这部舞剧第二场、第四场的音乐，主题曲《草原牧歌》的词曲创作也都是由他完成的。这部戏于 1973 年首次上演，主题曲的旋律欢快优美，而且非常有蒙古族音乐的特点。

阳光啊阳光多么灿烂
春天啊春天来到草原
白云在我的头上飘去
羊儿在我的身旁撒欢
……

阿恺与我年纪相仿，他有一双儿女，都很聪明。特别是他的儿子程晓华，比我家老大小中小，比我家老二小央大，常来我家玩，我和老薛都很喜欢他。有时候，我跟晓华开玩笑说："晓华啊，要不你来我家当儿子吧。你看我家里有一个哥哥、一个弟弟，你来了大家一块玩，多好。" 这本是逗乐呢，没想到晓华当了真。有一次他练琴挨了骂，一边哭一边说："我不给你们当儿子了，我要去吴叔叔家，给他当儿子……"晓华的妈妈正在气头上，此言更是火上浇油，于是晓华毫无悬念地挨了一顿胖揍。

1998年，广西民族出版社出了一套《中国歌海词丛》，其中一本《花与果》是阿恺的作品集。这整套丛书的序言是由词坛大家乔羽乔老爷所作，而阿恺这本书的序，则是他委托我来写的。能跟乔老爷的文字相望于此，对于我来说，真是莫大的荣幸呢！

程恺作品集《花与果》的封面

现在，我和阿恺都退休了，常在老干部活动中心见面。阿恺喜欢书法，给我写了一幅"乐在棋中"，我十分欣赏。阿恺还迷上了灯谜，2013年春节时，他创作了不少谜语。

通牒开打（宣武）

五脏之首，上下不安（忐忑）

嗯，这两个还算靠谱。

孩子刚满月，饿了找他妈。他妈胖乎乎，竟把床坐塌。（《丰乳肥臀》）

这个就有点太乡土化了。

不是将军善用兵，楚汉河界任他行，老来解数今未减，敢赴东瀛会棋圣。（吴育绅）

说实话，这个不太符合灯谜的规则，但因为写的是我，我还是挺高兴的。

更多的时候，我和阿恺是在一起打麻将，哼唱着他的另一首知名度很高的佳作《有一个美丽的传说》，一边出牌一边聊天。说到晓华挨揍的事，我们都笑了。时间过得好快，现在，晓华已经是中国爱乐乐团的长笛首席了……

小提琴家夏三多

现任美国芝加哥交响乐团二提琴声部首席的夏三多女士，是中央音乐学院铜管乐器全能教授夏之秋老先生的二女儿，从小随中央音乐学院小提琴教授隋克强先生学习小提琴。

我第一次见到三多是在1964年，她随夏教授到中芭（当时叫北京舞蹈学校实验芭蕾舞团）参加首席小号手黄世明与小提琴演奏员杨洵的结婚典礼，那时候她还是一个小黄毛丫头。第二次见到三多是在首都机场迎接阿尔巴尼亚国家领导人谢胡访华的演奏活动中，当时组织了一支规模较大的乐队，中芭与中央音乐学院的学生乐团在一起演奏《北京—地拉那》《我们是真正的朋友》等迎宾曲，而三多那时是中央音乐学院附中小提琴专业的学生。

在美国的夏三多

“文化大革命”后期，三多考进了中芭（当时叫中国舞剧团）乐队，我们就成了同事。三多没有读过大学，但她有很高的音乐天分，加之从小的家庭熏陶和名师指点，使她年纪轻轻就已经有了演奏家的风范，技术精湛，音色优美。我曾与她一起合作演奏过亨德尔的帕萨卡利亚小提琴中提琴二重奏，她在合奏中表现出的极好乐感给我留下了深刻的印象。

1974 年，中芭为排演芭蕾舞剧《草原儿女》，组织全团到内蒙古正蓝旗深入生活，团里领导安排乐队的 9 名演奏员去正蓝旗打前站，并参加当地那达慕大会开幕式的演出，我和三多都在其中。在那达慕大会的开幕式上，我演奏了中提琴独奏曲《草原上》和《马头琴的歌》，三多演奏了小提琴独奏曲《新春乐》和《二泉映月》，当时都是由手风琴和小乐队伴奏，拉手风琴的是刚从中央音乐学院毕业分来团里的指挥黄立民。作为一个旗的那达慕大会，能有国家级演出团体前来助兴，也是一件难得的事，此后几天的赛场上就一直播放着我们那天演奏的实况录音，等到全团大部队抵达正蓝旗时，迎接他们的就是我们的演奏。

我和老薛都很喜欢三多，她琴拉得好又不骄傲，有着知识分子家庭培养出的单纯和正直，与我们也谈得来，经常到家里做客。当时三多住在中央音乐学院的父母家，团里在天桥剧场演出之后，她的琴就由我们带回来放在家里。

三多的姐姐夏兰青也在我们乐队担任小提琴演奏员，她的先生是担任过很长时间乐队首席的郑凯林。我跟凯林同为“首席乐队”成员，又同在中央音乐学院兼课，还经常一起开团里的乐务会议，比较熟。凯林是著名提琴教授林耀基的弟子，据说当年林教授曾写了几句打油诗评价这位门生，大意是：手指一点点，弓子一点点，只因心灵一点点。意思是说凯林心思缜密，但不够放得开。

凯林和兰青育有一子郑义，他的语文学得不好，有一年暑假请我家小中担任家教，专职辅导语文。小中当时是中国人民大学新闻系的学生，对家教一事尽职尽责，还教小义写家书。记得我们当时在广州演出，凯林收到儿子的来信，激动之情溢于言表，一个劲地说："我儿子会给我写信了！我儿子会给我写信了！"

三多和我的外甥贾红光年纪相仿，又都是年青一代的提琴高手，当时我们都有让他们结秦晋之好的愿望，有一度他们也确实关系比较好，但终究没能走到一起。

20 世纪 80 年代，三多与乐队一位巴松演奏员结婚后移民美国了。2012 年，中芭建团 50 周年的时候，她特意赶回来参加庆典。我们多年没见，再次重逢，真是人生中高兴的时刻。遗憾的是，我的妻子老薛已然不在了。

正是这次见面，三多向我讲起了在法国巴黎地铁站邂逅我的一位学生李彩虹的一段故事。那是美国芝加哥交响乐团赴法国演出的时候，有一天她们在巴黎地铁站里面候车，见到一个女孩在演奏中提琴，水平很高，大家都围过去听。因为她看起来像是华人，三多便好奇地问她："你从台湾来，还是从大陆来？你的老

我与夏三多（左）、贾红光（右）

我与李彩虹

师是谁呀？”结果这个女孩说：“我的老师是中央芭蕾舞团的吴育绅。”三多当时好生感慨，这世界真小啊！

李彩虹是我在中央音乐学院附中的学生，山西太原人，性格有点大大咧咧，一点儿都不认生。记得她第一次来我家上课，看到有很多外国故事片的录像带，就对我说：“吴老师，我借几盘回去看行吗？”当时我就拒绝了，我说：“你还是好好练琴吧。”

20 世纪 90 年代，学音乐的孩子基本都在勤工俭学，彩虹一到周末就去北京饭店贵宾楼咖啡厅拉琴，演奏一些轻松的小夜曲、浪漫曲。人生多奇遇，正是在那里，她遇到了一位喜欢音乐的香港商人王湛。王湛十分欣赏彩虹的才艺，提出愿意资助她去法国学习音乐（王湛的妹妹在法国巴黎）。因为彩虹的父母不在北京，作为老师，我们有监护的责任，为了表示诚意并取得我们的信任，王湛特意邀请我和老薛去他的公司做客。

原来，王湛是一家英国海运公司驻中国首席代表，整个贵宾楼七层都是他们的办公室。后来，王湛真的帮助彩虹进入了巴黎师范学院音乐系学习。三多遇到彩虹的时候，正是彩虹利用课余时间到地铁站拉琴补贴家用。后来，彩虹获得了青年演奏家文凭，并进入巴黎青年交响乐团。几年后，她嫁给了法国驻上海领事馆的文化参赞，现在随夫携女在上海生活。据说，她在空闲时会教外交官的孩子们拉琴，也算是一种闲情逸致吧。

中芭的四位画家

中央芭蕾舞团的舞美创作室有四位专业美术工作者，从事芭蕾舞剧的舞美设计和绘景工作，他们是马运洪、金泰洪、郑越洋和梁晔。在我心目中，这几位都是美术大师。

马运洪是东北人，满族，芭蕾舞团尚未成立的时候，就已经在北京舞蹈学校工作了。

喜欢美术的老马17岁就参军入伍，一手拿枪、一手拿画笔，参加过多次战斗，还荣立过三等功。1953年，他靠着刻苦自学考入了中央戏剧学院舞台美术系。1954年，又考入了苏联列宁格勒列宾美术学院油画系学习。据说，六年级时，他选了俄罗斯歌剧《萨特阔》来做毕业设计，按照老师指定的路线去写生，观察体验俄罗斯民俗风情，在广阔的俄罗斯大地上步行了40多天，画了100多张画，然后才开始创作。在毕业作品答辩时，评委们对这个中国学生的俄国题材作品给予了很高的评价，他的设计图也被学院收藏。

老马会下象棋，但水平不高，一般是我们下棋的时候，他在边上观看。

有一次，老马邀请我去他家，说家里来了一位日本友人，是个围棋迷，希望我能和那位日本友人下一盘。老马还特别提出：“这位朋友的围棋相当有水平，你得做好思想准备，一定要赢他，给咱们中国人争光。”

老马平时不下围棋，家里没有棋具，于是我带上一副围棋随老马来到他家，见到了那位日本友人。日本友人很有礼貌，我们语言不通，没有更多的交流，便开始了弈棋。因为日本友人年长，我执黑先行，几个回合之后，我便知道了他的水平不高，坚持到中盘，他主动认了输。

接下来，日本友人要求再下一盘，我答应了。这回他把黑子拿过去，并且在棋盘上先摆下四个子。我不好意思授他四子，便摇了摇头，但他态度很坚决，深深地点头，表示一定要这样下，于是我依了他。这盘棋我当然要全力以赴，力争战胜他。其实从刚才的一交手，我就已经知道，授四子是可以一战的，但胜负难料。这盘棋下了半个多钟头，收官后，他又推枰认负，因为不是细棋，盘面上的空他少了二十多目。

下完棋，老马邀请我共进晚餐，我谢绝了。我把棋盘、棋子送给了老马，对他说：“你留着吧，以后再有客人来下棋，我就不用带这些东西了。”

老马是《天鹅湖》《巴黎圣母院》《红色娘子军》等舞剧的美术设计，可能有些朋友没看过这几部舞剧，但是我再说一个他的作品，大家一定熟悉——第一版《西游记》。这是家喻户晓的吧？老马是其总美工师，那些神头鬼脸的造型、传说中的瑶池仙洞，全是他的手笔。

金泰洪是朝鲜族，比我小5岁，到中芭工作也比我晚一些。我在沈阳音乐学院的时候，有不少同学是来自延边的朝鲜族，大部分是学铜管乐器的，我跟他们学了几句朝鲜语，如阿娘啊塞欧（你好）、安达（请坐）、欧地路开呀（去哪儿）等，见着金泰洪就对他讲几句。

那时候，金泰洪和我都很年轻，喜欢交朋友，又是东北老乡，而且他住在三楼，我住在四楼，我就喜欢到他房间去串门。

有一次，刚排练完，我拿着提琴去找金泰洪，他对我说：“你先别走，我给你画幅画怎么样？”我以为是画幅素描，心想不过十几分钟的事儿，就坐下来让他画，按照他的要求，侧身拉琴。没想到这一画，就是半个多小时。然后他说：“行了，你明天来取画吧，今天还不能拿走。”我起身看时，才知道原来是一幅油画。

那幅油画，金泰洪给我装上框，十分郑重地送给了我。我呢，如获至宝，赶忙回屋放在了醒目的位置上。后来几次换宿舍，又搬家到别的楼里，可我始终把这张画挂在钢琴上方的墙壁上。

金泰洪给我画的油画

金泰洪后来赴日本留学，获得了博士学位。再后来，他成为《红色娘子军》《沂蒙颂》《草原儿女》几部舞剧的舞美设计。现在我们都已经退休，见了面总要聊上几句，叙叙旧。

郑越洋个子高大，按照现在的说法是个大帅哥。他不喜欢下棋，喜欢摄影。郑越洋有个儿子，比我家老大小中小，比我家老二小央大，他们从小就是很好的玩伴。

梁晔是广东人，中央戏剧学院美术系高才生，专业绘景师。他还没毕业的时候就来我们团里帮着绘景，后来就留下了。

在“文化大革命”后期，中芭曾有出访欧洲社会主义阵营的任务，需要前往阿尔巴尼亚、罗马尼亚、南斯拉夫三国。那时候我因为“站错了队”，没有随团出访，而是和被隔离审查的另外几位难兄难弟金以宏、王燕声、张耀国一起，每晚到天桥剧场，跟随梁晔一起绘景。

记得当时正在准备《红色娘子军》的演出，我们基本上每天都是快要天亮时才回去休息。那时候年轻，正是贪睡的时候，干活干到半夜特别困，金以宏就会递给我一支烟，说:“抽一支就不困了。”就是在那个时候，我学会了吸烟。

说起梁晔，他并不因为我们这几个人“站错了队”，就对我们另眼相看，他只是让我们帮他打打下手，这种态度在当时已属不易。

我还记得他后来送给我一幅很有品位的油画，是我非常喜爱的珍品，我把它存放在了一个大木箱子里，那里面还有我保存多年的书籍、亲友往来信件、棋谱、琴谱等物件。我当时还住在中芭的办公楼里，房间只有 10 多平方米，于是我把这个大木箱放到了四楼乐队排练厅的一个角落里。那个角落里平时还堆放着不方便带回家的大件乐器，如定音鼓、竖琴、倍大提琴等。结果，有一次团里清理排练厅，清扫卫生的工人把这个箱子当成无主物品给扔掉了，事后我想尽办法也找不回来了。

就这样，梁晔的那幅画，还有我多年积攒下来的一些有价值的东西，都无影无踪了。后来，梁晔举办了一次作品展，他对我说，那幅画也是应该参展的。听了这句话，我除了遗憾，还有深深的内疚啊。

出访欧洲

1976年，中芭（当时叫中国舞剧团）接受了出访欧洲的任务。在此前的1968年，团里曾经去阿罗南（即社会主义阵营的阿尔巴尼亚、罗马尼亚和南斯拉夫）演出过，那时候的我因为在“文化大革命”中“站错了队”而被隔离审查，所以出国这种好事没我的份。

在1976年出访之前，团里先安排大家去密云劳动锻炼。当时我是请了假的，因为老薛生病住院了，而小中只有10岁，没人照顾。另外，我心里清楚，这一次下乡深入生活是为出国做准备，按我当时的情况，这种事肯定是与我无关的，所以我也不用去表现了。让我没有想到的是，后来一宣布名单，居然有我！我当时非常意外，还问了身边的金以宏，刚才是念了我的名吗？金以宏说，没错！

接下来，发生了让我印象最深的两件事。第一件事是去友谊商店。作为普通老百姓，那个地方以前是进不去的，因为需要出示护照。那次我们全家人进去转了转，看到里面卖真丝衬衣、三接头皮鞋、上海奶糖什么的。第二件事是9月9日毛主席去世，治丧期间全国停止娱乐活动，但我们样板团出访也是政治任务，仍被要求坚持排练，所以大家都带着弱音器，不让外面的老百姓听到楼里有乐器的声音。

我们从奥地利入境，从第一天分配房间开始，我就跟乐队队长姜克住一起。我有点纳闷，因为其他人都是按照声部来分房间的，只有我被单独划出来。后来我琢磨过味来了，这大概是怕我跑了吧，所以专门派一位领导全程看着我。

我原本是中提琴声部的，但是那次二提琴缺人，就把我分派去拉二提琴，坐在“大萝卜”张秀清的外边。“大萝卜”心里有点不爽，她大概是想：“你一个站错了队的人，能让你出国就不错了，而且还是个拉中提琴的，凭什么坐我外边？”按照乐队的习惯，坐在外边也就是台口一侧的人，应该比坐在里侧的人的地位相对高些。因为坐在里侧的人，在演奏中要负责翻谱子。

“大萝卜”心里有情绪，就不给我翻谱子。她演出过上百场《红色娘子军》，不看谱子也能演奏，可我不熟悉谱子啊，只好自己动手翻。后来，我对二提琴声部长戴恩田说，咱们在乐池里演奏，我翻谱子也就算了，可是等到演奏交响乐时，咱们是坐在舞台上的，到时坐在外边的乐手翻谱子，可就会让外国人笑话了。声部长当然批评了“大萝卜”，“大萝卜”表面上不说什么，心里还是气不忿儿。好在二提琴的演奏比较简单，演过几场之后，我也能背下来了。我心想，你要不愿意翻谱子，那就算了吧！最后，我们就都凭着记忆，一直演出到落幕。

在奥地利的时候，我们对国内外生活差距的感觉还没那么明显，但一进入当时欧洲最发达的国家西德，人家的生活水平真的是让我们震惊。

我印象最深的是，我们所住的假日酒店的早餐是自助的，鸡蛋、火腿、黄油、果汁、牛奶……随便吃、随便喝。这对于我们，简直是不能想象的。虽然当时样板团每人每月有 24 元的伙食补助，已经远远高于普通百姓了。再看人家的街上，小汽车穿梭不停，人们西装革履，脸上洋溢着笑容，再一想，我们的生活是多么俭朴啊！

访问西德留影（1976 年）

我们的行程纵穿整个西德，在开始的兴奋劲过去后，更多的时候，大家在车上都不怎么说话，都在沉思。

给我们开车的德国司机，一路和我们在一起，后来就很熟悉了。休息的时候聊家常，他告诉我们，这辆大客车是他自己的，家里还有一辆小汽车。他的收入是每个月 4000 马克，按照当时的汇率折合为人民币 3200 元。他算是当地很普通的一个工人，他周围朋友的生活水平也大体如此。他问我们的收入时，我们面面相觑，实在是不知该怎么回答。我和老薛从大学毕业后，工资一直是每个月 55 元，在北京也算是中等偏上水平的了，但人家的收入是我的近 60 倍，简直无法想象。

在奥地利和德国时，团里给我们发了一些零用钱，大家都把钱攒下来，想着买件东西带回去。最后到了机场左看右看，发现这些钱差不多可以买一块日本的手表——自动上弦的东方表，双狮商标，看起来很漂亮。当时商场里有几种价位的东方表，要想买贵的那种，每个人手里的钱都差一点点，这时候王恩悌就主动说："我来给你们添一点。"就这样，每个人都买到了贵一些的东方表，只有王恩悌自己买了便宜点儿的一款。这么多年过去了，直到现在，这块表还走得很好。

1976 年的这一次出访，若干年后依然在我们的生活中留有印迹。比如，很多人的家里都留着一种阿尔巴尼亚的硬纸烟盒，可以放硬币、哨片，上面有城堡和骆驼的图案；比如，当时女同志之间流行一种织毛衣的针法，被称为“阿尔巴尼亚针”。

台湾之行

1992 年，中央芭蕾舞团访问台湾，这是大陆首个赴台的大型文艺团体，上上下下都很重视。说起来，我们这次访问台湾，跟当年出访欧洲有相近的地方，有期待的兴奋，也有未知的茫然。

那种感觉，现在真的是不会有了。因为我们对外部世界知晓得越来越清晰。今天即使是去非洲、南极，只要报名参加旅行团，也就去了。那里的人文、风景我们都知道，就连每天的天气、该穿什么衣服，一查也都能知道，没什么可担心的。

如果非要打个比方，我们当初心里的那种忐忑，今天的人们大概只有要去火星探险才能感觉到吧。

那时候，虽然两岸有了一些交往，但还没有直航，我们是经由香港转机的。

到了台湾，感觉一切并不陌生。虽然有近半个世纪的隔阂，充满了神秘感，但我们心里很快就放松下来。因为感觉从文化背景到生活习惯，每一处都是相通的。我们所到的几个城市，看上去街道和建筑并不新，远远赶不上北京、上海更有现代化气息，但是人们的言谈举止都显得有教养，素质也很高，出租车司机都是大学毕业生。

我们在高雄演出的时候，高雄市长亲自设宴款待，并在宴会致辞中说："欢迎大陆芭蕾舞团的艺术家来台湾演出，台湾现在还没有自己的芭蕾舞团，在座的各位如果有志于来台湾开拓发展芭蕾舞艺术事业，我们非常欢迎。"

我们在台湾的每个城市都受到了热烈的欢迎，那种亲切感真的令人内心无比温暖。无论是在台北、台中，还是在台南、高雄，演出都是场场爆满，演员谢幕都在 5 次以上。

此前我们经常去香港演出，于是我在心里对这两个地方作了比较。那时候香港还没有回归，我觉得一些香港人是看不起大陆人的。而台湾人不是这样的，老一代台湾人始终认为自己的根在大陆，大陆人来了，是老家的亲戚来了。

记得第一天的演出结束后，我们收好乐器，准备乘车回酒店，刚一走出后台的大门，就被眼前的情景惊呆了——门口居然聚集着很多观众。他们看到我们，就走上前问："有山东人吗？咱们山东同乡会请客去吃宵夜啊！"那边又有人问："有东北老乡吗？咱们去叙叙吧！"……那种场面真是让我终生难忘。我和老薛不由分说地被东北同乡会拉去做客，席间他们还有礼物相赠。远在他乡，周围是素不相识的人，将我们联系在一起的，唯有乡音，唯有乡情。

在台湾，我和老薛还见到了校友李天慧。她是上海人，比我和老薛低一级，学的是大提琴专业，在学校时跟老薛相处甚好，有时候假期不回家，两人就天天聚在一起。毕业后，她被分配到天津音乐学院任教。1964 年，我去上海演出时曾见过她一面，我还受邀去她离老城隍庙不远的静安别墅家中拜访。这次和李天慧在台湾见面，并不在原本的计划中，让我们颇感意外。我们接受了她的邀请，去她家做客，也见到了她的先生——一位不善言语、年纪稍长的男士。

台湾之行，让我感慨良多。台湾岛无所不在的中华传统，台湾人温润如玉的君子之风，给我们这些大陆同胞以深刻的印象。

我与李天慧在台湾留影

两次担任指挥

1982年，我组织的第二届中提琴演奏会的最终曲目是由20位演奏员演奏的勃兰登堡No.6双中提琴二重协奏曲。这首曲子原本是由两把中提琴来演奏的，扩展为20人的两个声部后，就需要一名指挥来协调大家步调一致。这个工作只能由我来完成，而这也是我第一次担任指挥。

那时候，参加演出的20位演奏员要么在院校读书，要么是单位的乐手，基本只有在周日的时候（那时候还没有双休日）才能集中到一起排

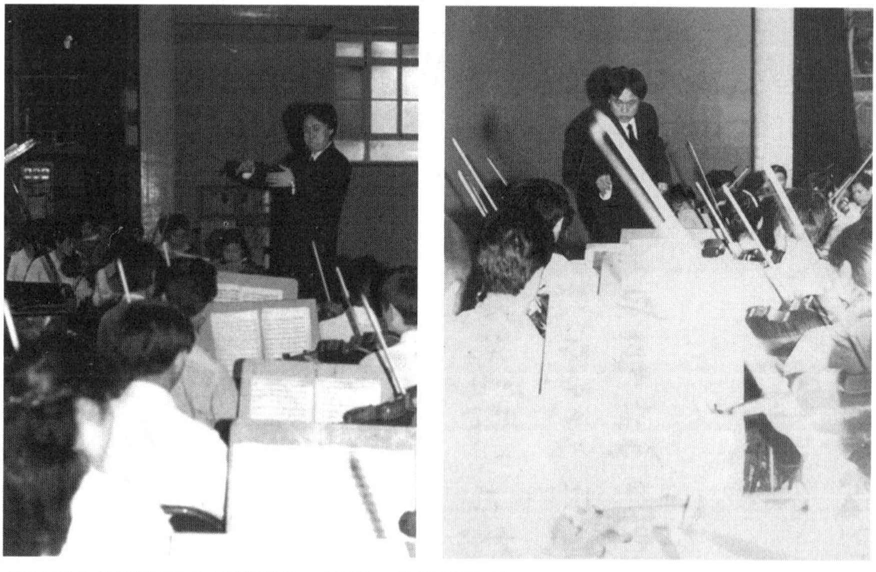

第二届中提琴演奏会排练现场，我第一次担任指挥

练。从 3 月到 5 月，那个春天的每个周日，我们都是在紧张的排练中度过的。

日前，我找到了当时的排练记录，于是 30 多年前的那段日子穿过岁月的层层雾霭，清晰地来到了眼前：

第一次排练：1982 年 3 月 3 日　星期三　视谱

第二次排练：1982 年 3 月 14 日　星期日　定弓指法

第三次排练：1982 年 3 月 21 日　星期日　第一次合钢琴伴奏

第四次排练：1982 年 3 月 28 日　星期日　第二次合钢琴伴奏

第五次排练：1982 年 4 月 4 日　星期日　分声部分谱台排练

第六次排练：1982 年 4 月 11 日　星期日　第三次合钢琴伴奏

第七次排练：1982 年 4 月 18 日　星期日　第四次合钢琴伴奏

第八次排练：1982 年 4 月 25 日　星期日　连排彩排

正 式 演 出：1982 年 5 月 2 日　星期日　演奏会

勃兰登堡 No.6 双中提琴二重协奏曲共有 3 个乐章，第一乐章 140 小节，第二乐章 62 小节，第三乐章 110 小节。我在多次聆听匈牙利李斯特室内乐团演奏的勃兰登堡 No.6 双中提琴二重协奏曲后，将第一乐章分成 15 个乐段，第二乐章分成 6 个乐段，第三乐章分成 14 个乐段来排练。

作为排练者和指挥，我的要求主要是让每一位乐手都能理解巴赫作品的巴洛克乐派特征，在速度、节奏、运弓力度等方面上，更好地再现巴赫作品中那种严谨而均衡的美学特征。我希望大家注意到，这首协奏曲所体现的巴赫深刻的抒情美，它摆脱了巴洛克音乐的浮华与千篇一律，用一种平和的心态向听众展示着人们对幸福生活的渴望与追求，精巧的创作技法与完美和谐的结构使其成为中提琴史上一个里程碑式的作品。

那次演出很成功。演奏会结束后，两位中央人民广播电台音乐部的编辑特意走过来对我说："哎呀！我们根本没有想到演奏会如此精彩，要是早知道的话，就一定带着录音设备来了……"

一年后，我又一次拿起指挥棒。这一次是指挥一支小乐队，完成一场轻音乐晚会。

记得是1983年夏季的一天，中芭乐队队委金士英和郑焕然找到我，说8月15日将在中国大饭店举办星期日音乐会，中芭乐队整场要演出20首曲子，队里决定让我来做指挥。

那场音乐会的节目单我还保留着，20首曲目如下：

1. 西班牙女郎
2. 怀念
3. 巴黎晴空下
4. 圣母颂
5. 军队进行曲
6. 感情
7. 更多些
8. 船歌
9.《日内瓦医生》主题曲
10. 艺术家的生活圆舞曲
11. 莫扎特弦乐小夜曲
12. 幽默曲
13. 阿根廷探戈
14. 肯德基故乡
15. 金银圆舞曲
16. 美丽的乡村姑娘
17. 莫扎特摇篮曲
18. 西班牙斗牛士
19.《叶塞尼亚》主题曲
20. 闲聊波尔卡

看了这些曲目，我想经历过那个年代的人一定会想起那种调调——

刚刚从禁锢中走出来的广大人民群众，好像对“靡靡之音”特别喜爱。当然，也一定会想起喇叭裤、爆炸头、校园歌曲、四喇叭收录机、交谊舞……

那是一个远去的年代，一段特殊的历史。

我想，演出的组织者找我担任指挥，是看重我对作品的熟悉和乐队演奏的经验。这个工作没有太大难度，我们只是连排了一遍就演出了，我也没有提什么要求，无非是和声的声部不要太响，进点的时候注意看我手势之类的。

演出那天恰逢抗战胜利纪念日，38 年前，也就是 1945 年 8 月 15 日，日本政府宣布无条件投降。所以，这一天我记得挺清楚。

两次担任乐队首席

在 60 年的音乐生涯中，我基本一直在领衔中提琴声部，但担任乐队首席只有两次，说起来却还都蛮有意思的。

第一次是在 1986 年，当时文艺界刮起了“走穴”风，中国歌剧舞剧院拉起一支队伍要去海南岛演出，让我帮着组织一个小乐队。记得这个小乐队有 20 来人，成员有王孝久、谢开明、张秀卿（小提琴）、王大山（长笛）、沙震中（单簧管）、曹东方（小号）、强栓（圆号）等，由我担任这支小乐队的首席。乐队还加入了当时很时髦的电声乐器，由杨杰演奏电吉他，张小杰弹电子琴。

我正在拉中提琴

小乐队的演奏员挺辛苦的，因为演出时自始至终都要在台上，无论是歌唱还是舞蹈，全部都由我们伴奏。小乐队不设指挥，就由打击乐乐手在鼓上敲击两下后各声部进入。记得负责打击乐的是年轻演奏员曲菲，他有才华也有激情，在演出中高兴了，会把鼓槌抛向空中，接住后继续演奏，博得观众阵阵欢呼。

我们的节目主持人是中国歌剧舞剧院的歌唱演员马萍，表演独唱的有歌唱演员李红霞。红霞的丈夫就是后来在音乐界崭露头角的关峡，那时候他们还没有结婚，关峡也没有写出《围城》和《士兵突击》等电视剧音乐作品。

此外，我能记得的歌唱演员还有中国歌剧舞剧院的毕云飞、李青、郑胜利，舞蹈演员有我们团的黄民暄、张雨辰、陶泽丰等，演出的节目有民族、通俗唱法的男女声独唱《小草》《月亮代表我的心》什么的，还有芭蕾舞独舞、双人舞，很受欢迎。

我们的第一站是广东湛江，第二站是海南海口。没想到刚一上海岛，就出了件不大不小的事。当时我们住在剧场边的一个招待所里，条件比较简陋，晚上演出结束后回到房间时，陶泽丰发现自己的相机被偷了，同住的张雨辰也丢了200元钱。

小陶是个喜欢摄影的小伙子，当年为团里拍过不少漂亮的剧照，他使用的是佳能的专业相机，价格自然不菲。我们找到招待所负责人，人家说："这里的治安确实有点乱，所以我们打过招呼的，请你们把贵重物品存放到前台……"招待所的态度很明确，是不会赔偿的。

作为当事人的小陶十分沮丧，表示没有心思参加后面的演出了，要回北京。我们也都能理解，一名演员省吃俭用买一台进口相机是多么不容易。于是我组织了几名比较有威望的老同志开会商议此事，我提议用一场演出的收入来补偿小陶的损失，但有的同志不同意，认为这是由于小陶个人的疏忽大意才造成的……

我对大家说："小陶目前是双人舞《西班牙舞》的演员，这才是我们巡回演出的第二场，如果他离开了，就会对整个活动造成很大的影响，希望大家慎重考虑。”最后我们对此事进行了表决，以 3∶1 通过了补偿方案，即补给小陶 4000 元、张雨辰 200 元，并约定下不为例。

这是我唯一一次参加“走穴”，也算是职业生涯中一个有意思的经历。后来，我们从文昌、榆林、三亚一路演过去，最后从海岛东侧返回了海口。这次“走穴”历时 20 天，一共演出 13 场，你们一定猜不到我挣了多少钱？ 400 元！

第二次担任首席的故事就更有趣了。

20 世纪末，陈凯歌导演执导了一部电影《和你在一起》，讲的是一个琴童在父亲的陪伴下到北京学习小提琴的经历。刘佩琦饰演的普通百姓刘成，认准儿子刘小春是个学音乐的好材料，不惜放弃工作，专程带着他从江南来到北京，拜王志文饰演的性格怪异的江老师为师。在学习过程中，刘小春逐渐与江老师成为忘年好友。后来，刘成偶然听到一位年轻人的精彩演奏，便登门拜访了他的老师——陈凯歌饰演的余教授，并说服余教授收下自己的儿子。刘小春怀着无奈与遗憾离开了江老师，投到余教授门下，但是在那里，他感到束缚与压抑，失去了音乐的快乐。

饰演少年刘小春的演员叫唐韵，青年刘小春则是由香港小提琴家李传韵扮演。李传韵祖籍青岛，颇具家学渊源，他的父亲是香港交响乐团的小提琴演奏员。李传韵很小就跟着父亲学琴，基本功很扎实，20 世纪 90 年代则到了北京拜林耀基教授为师。李传韵 11 岁时就赴波兰参加了第五届维尼亚夫斯基国际小提琴比赛，获得少年组第一名，成为此项赛事有史以来最年轻的冠军。此后，他活跃于世界各大舞台，被誉为“最天才的青年音乐家”。

电影中有一场戏是刘小春在舞台上独奏，为他协奏的这支乐队正是由我们中芭交响乐团出演。拍摄那天，我陪着老薛坐在二提琴声部第二谱台，那是一个在乐队中不怎么显眼的位置。没有想到的是，陈凯歌导演不知怎么地注意到了我。他对当天带队的乐团团长张海涛说："请那位先生坐到乐队首席的位置上吧，他的精神气质真像个老艺术家。"说着指了指我。海涛听罢，对陈凯歌导演说："怎么是像个老艺术家？那本来就是老艺术家啊！他是国内中提琴泰斗，也是我们乐团的前任团长啊。"

就这样，我坐到了乐队首席的座位上。电影的主创团队中有不少韩国人，摄影师、化妆师都是韩国人。当时我的头发挺长的，那位女化妆师把我的头发摆弄了一番，弄得有模有样的。等到李传韵上台来，见到我的第一句话居然是："老师您好，您可真像小泽征尔啊。"最后上台的是指挥李心草，他发现我坐在首席的位置上，显然吃了一惊，随后他大概意识到这一定是摄制组的安排，于是什么也没说，拍摄就这样开始了。

那天，李传韵演奏的是柴可夫斯基的D大调小提琴协奏曲。他不愧为世界级的小提琴演奏家，将作品演绎得淋漓尽致，与交响乐队的配合也堪称天衣无缝。拍摄是在北京大学音乐厅进行的，演奏结束后，从四面八方传来热烈的掌声。有人上台来给指挥和演奏家献花，李心草接过花束后送给了我，我举起鲜花向全体乐队成员挥手致意。这一刻充满了仪式感，令人十分激动。李传韵谢幕后，还特意来到我面前，十分有礼貌地说："谢谢老师，希望以后能够有机会再次合作。"

后来，我看了《和你在一起》这部电影，我个人的镜头在这一段中一闪即逝，但影片给我留下了很深刻的印象，王志文对小提琴教授这个人物的刻画十分准确传神。看着这部电影，半个世纪之前，我自己在沈阳音乐学院学琴的往事浮上心头，当年老师对我的教诲历历在目，不觉感慨万千。

司徒兄妹

说起音乐界的司徒家族，那真是一个传奇。

先从司徒兄妹的父亲司徒梦岩先生说起吧。司徒梦岩先生不仅是优秀的造船工程师，也是颇负盛名的小提琴演奏家和中国第一个小提琴制作家。

20 世纪初，年轻的司徒梦岩先生自费到美国留学，就读于麻省理工学院，主修机械工程专业。他虽然是个工科生，却酷爱音乐，不仅喜欢拉提琴，还喜欢自己做提琴。他有木匠手艺基础，用盛肥皂的废旧木箱板材刨出提琴的面背板，手工格外精细。

就这样，司徒梦岩先生引起了美籍波兰裔小提琴制作家华特沙朗·戈斯的注意，并且成为戈斯唯一的徒弟。三年后，司徒梦岩先生制作出一把优质小提琴，以戈斯的名义参加了 1915 年在美国旧金山举办的巴拿马太平洋世界博览会，并获得了金奖。

司徒梦岩先生的七个子女中，有五个从事音乐事业。二子海城、四子华城都是小提琴演奏家；三子兴城在新中国成立前夕去了台湾，是全能弦乐演奏家和教育家；二女幼文从事音乐理论编译；三女志文是大提琴家。

我与华城、志文兄妹的交往虽然不多，但仍能领略到音乐世家子弟的风采。

说起我与司徒华城老师的相识，是在1966年的2月。当时广交会邀请中芭（当时叫中国舞剧团）去演出芭蕾舞剧《红色娘子军》、中央乐团去演出钢琴交响曲《黄河》。但后来领导指示说，没有必要去两支乐队，殷承宗的钢琴独奏由中国舞剧团的乐队伴奏就可以了。于是，中央乐团抽调了八个声部的首席加入我们乐队，从第一小提琴、第二小提琴、中提琴、大提琴、倍大提琴，到木管、铜管、打击乐……来完成《黄河》钢琴协奏曲的演出。

当时，中央乐团中提琴声部的首席就是司徒华城老师。

我与华城老师虽不熟悉，但对他的事情可是有不少耳闻。他和他的父亲司徒梦岩先生一样，兴趣爱好广泛。他不仅拉小提琴，还是民乐高手，二胡、高胡、扬琴都能演奏，而他真正在大学读的却是化工专业。那时他一边读化学，一边到上海音专学提琴，不仅买不起琴谱，连五线谱纸都买不起，只好自己画线自己抄谱，结果练就了抄得一首好琴谱的本领。后来，他终于还是从事了音乐工作，从沪江大学毕业后，进入了上海交响乐团。20世纪50年代初，他调入中央乐团担任小提琴首席，后来乐团为了加强中提琴声部的力量，就把他派到中提琴声部任声部长。

司徒华城老师

那次到广州演《黄河》的时候，中央乐团的八位音乐家担任各个声部的首席，到了演《红色娘子军》的时候，他们就都休息了。但华城老师对这部舞剧产生了兴趣，要求一起参加演出，于是领导安排他坐在第二谱台上我的内侧位置。按照乐队的规矩，他还要为我翻谱，这让我很是不好意思。

在演出过程中，我们有过一些简短的交流。我觉得华城老师视奏一部大型舞剧的音乐时，反应敏捷，举重若轻，真是大家风范。而华城老师对我也颇为赞赏，他问同声部的归国华侨郭迪扬[①]："这位吴育绅是从哪里来的？那么年轻。我以前怎么不知道你们乐队还有这样水平的中提琴手。"郭迪扬说："吴育绅是沈阳音乐学院1963届毕业生，'文化大革命'之前就是我们声部的首席，后来在'文化大革命'中'站错了队'，就把他的首席给撤了。演样板戏要求政治上可靠，这不就从中国歌剧院乐队调来三位共产党员，坐在前面了。"

从那时起，华城老师就与我有了联系，并向我推荐学生。后来，我到中央音乐学院附中兼授中提琴主课时，他也早已由中央乐团调入中央音乐学院任教，我们的接触就多了一些。

记得华城老师身体不太好，年轻时患肺病咯血，动手术去掉了一根肋骨和一叶右肺，但是他依然给人以精力充沛的感觉。除了教授中央音乐学院的学生之外，连那些要报考音乐学院请他辅导的、要出国深造请他指点

---

① 郭迪扬，柬埔寨归国华侨，作曲家、指挥家。广泛涉足中西乐及音乐评论，1955年在《人民音乐》杂志上发表了《关于小提琴演奏的民族风格问题——向民间音乐学习的一点体会》。20世纪70年代，曾在中国舞剧团乐队中提琴声部工作，后去深圳中乐团，又移居香港。他历时12年完成了民族交响乐《郑和下西洋》的创作，并于1991年起在我国的香港、台湾地区及东南亚上演，被誉为"交响音乐民族化的里程碑"。

的、临时登门求教的，他几乎都来者不拒，有求必应。

无论是在演奏方面，还是在教学方面，华城老师对我的帮助和指导都很大。

我与司徒华城老师

华城老师的妹妹司徒志文，算是我的半个校友。她先后就读于国立上海音专、莫斯科柴可夫斯基音乐学院。20 世纪 50 年代，她曾到沈阳音乐学院进修，师从白俄教授巴高金，那时候我还在沈阳音乐学院附中。后来我升入沈阳音乐学院时，她已经去苏联留学了。到我进入北京舞蹈学校实验芭蕾舞团乐队的时候，她已经在中央乐团工作了。

志文老师在 60 多年的演奏生涯中，足迹遍及世界 30 多个国家和地区，演出场次高达 600 场以上，是我国从事管弦乐演奏和教育年限最长的女性艺术家。

2003 年 4 月，我接到文化部的通知，参加了专家小组，编写文化部下属交响乐团专业演奏员 1—5 级的考核内容。在弦乐组中，我负责中提琴部分，志文老师负责大提琴部分。那时正赶上“非典”时期，北京城里空荡荡的，很多公共场所都歇业了，志文老师说“干脆到我家来开会吧”。

那一段时间，我跟志文老师接触频繁，渐渐就熟悉了。她满头银发，戴一副金边眼镜，待人很是和蔼。大约两个月后，工作结束了，我们小组将弦乐部分各级别的考核内容及标准确定下来，上报给了文化部。

司徒志文老师

2006 年，南开大学特长生考试时，我和志文老师都是评委，就又在天津见到了。

记得有一天，我们一起到文化部离退人员中心开会，会后志文老师搭我车去中央音乐学院附中上课。车上闲聊时我才知道，这位早年留苏深造的国家交响乐团首席大提琴，工资居然比我还低，惭愧之余也让我对我国音乐家的待遇颇为愤懑。

1987 年 11 月 13 日，是华城老师的六十寿辰。后来我听说，那天正好志文老师赴美演出归来，华城老师心疼小妹旅途劳顿，就说改在农历生日那天大家再聚。接下来的日子里，华城老师忙着全国提琴制作比赛评选、用获金奖的中提琴在北京音乐厅演奏和高级职称评定等很多事情，非常劳累。11 月 27 日下午，华城老师开完会回到家中，突发心肌梗塞，溘然长逝。

2004 年，我编写的《中央音乐学院海内外中提琴（业余）考级教程》出版了，里面选用了华城老师编写的曲目。由于华城老师已经过世，我就把这一部分的稿酬交给了志文老师。

隋克强教授和赵惟俭教授

隋克强教授的大名，我早有耳闻。我在沈阳音乐学院读书的时候，就知道中央音乐学院有这么一位老师。等我到北京工作以后，还一直想着什么时候能有机会结识他，请他给我上上课。

1977年是中国恢复高考的第一年，邓小平对中央音乐学院扩大招生作出了批示。如果没有这个批示，可能就不会出现谭盾、陈其钢等活跃在全世界的音乐家，20世纪的中国音乐史或将改写。

那时候，师资匮乏是一个迫在眉睫的问题。当时，隋克强老师在大学里教小提琴，也给中提琴学生上课，但对中央音乐学院附中就无暇顾及了。于是，附中校长就邀请我和中央乐团的中提琴首席岑元鼎到附中担任兼课教师。

隋克强教授与国家交响乐团二提琴首席郑凯林

有一次，中央音乐学院邀请小提琴家梅纽因来华讲学。课间休息时，很多人都到外边吸烟，我便和隋老师、沈阳音乐学院的王德文老师在一起聊天。

王老师对隋老师说："咱们国家的中提琴教学，您算是泰斗了。"

隋老师很谦虚地说："哪里的话？我是教小提琴的。在中提琴领域里，真正最早科班出身的是吴老师啊！你看吴老师教出了多少好学生啊！"

我马上说："隋老师您太客气了，说到学生，我就是您的学生啊！"

后来，在一次与隋老师的闲谈中，他告诉我："1957 年反右运动中，我被划成了右派，那时候没有中提琴教员，学校让我改教中提琴，我哪敢抗命，就这么赶鸭子上架地教起了中提琴。那时候哪有什么中提琴的教材资料，我只有自己动手从小提琴曲子里改编、移植，就用小提琴那一套来教。可不像你，是专门学中提琴的。"

2000 年，隋老师的儿子隋杰准备报考我们中芭交响乐团，请我去他家听一下演奏。隋老师说："如果他能考上，以后就在你那儿学习，你再好好教他吧。"

那次共有六人报考，其中有中央音乐学院附中的毕业生张安祥、曾雪萍。我们的意见是只录取演奏水平最高的张安祥，但是学校把张安祥分配到了北京交响乐团，所以我们就录取了排第二位的曾雪萍。其实，即便当时我们决定录取隋杰，以他当时街道临时工的身份，也无法调入中芭。

在这件事上，我没能帮到隋老师，心里很是过意不去，再见到隋老师时总是有些不好意思，也不知该如何解释。后来，隋杰调到中央音乐学院工作了，从事的大概是乐器管理方面的行政工作吧，我去中央音乐学院上课的时候还见到过他。

隋老师身体很好，以前总是骑车去学校上课，退休后还坚持去香山锻炼。隋老师 80 多岁高龄时，虽然满头银发，但仍思维敏捷，还一直坚持教琴。我想应该是多年的音乐生涯，让隋老师始终保持着一颗年轻的心吧！2016年12月21日，隋老师因病在北京逝世，享年89岁。

中央音乐学院的赵惟俭教授，是对我帮助非常大的一位兄长。

20世纪50年代，赵惟俭老师曾经被公派到罗马尼亚学习，是那一批留学生中的佼佼者。这样一位专业人才，却在全国学音乐的孩子中有着特别高的知名度。这是因为多年以来，赵老师编写了大量的小提琴基础教材，主要介绍各种音阶。

赵惟俭教授

1994年，人民音乐出版社出版发行了《小提琴考级（业余）教程》，编委会中有王治隆、李向阳、张应发、赵惟俭、赵薇、黄圣音、穆堃来等人。

1996年，家在浙江金华的一位中学生胡琛，专程来北京找我学琴。他在北京大栅栏租了一间房子，每周来我家上两次课，目标就是考级。考试那天，我陪他去了中央音乐学院考场，并见到了赵老师。结果，胡琛在这个全国首次大考中，一举考过了最高级9级。按一般人的理解，花了这么大力气学音乐，总该把这个作为专业了吧？有意思的是，胡琛并没有从事音乐工作，他后来考上了沈阳建工大学，毕业后到天津设计院做了一名设计师。

我跟赵老师还做过一段时间的同事。那是1978年，当时赵老师和王振山[1]老师负责中央音乐学院附中的教学工作，我去兼课教中提琴，和他们在一个教研室，他们帮我安排一些教务上的工作。

2000 年，赵老师主编的《中央音乐学院海内外小提琴（业余）考级教程》出版了。之后，他推荐由我来主编一套中提琴考级教程。应该说，这是中国中提琴史上的一件大事，我慎重地接受了这一嘱托。

经过几年的编写整理，《中央音乐学院海内外中提琴（业余）考级教程》于 2004 年完成并出版发行，它涵盖了中提琴 1—9 级的技术要求，之上还有演奏文凭级，即 10 级。这其实是前所未有地建立了一套中提琴社会教学的考评体系。在这套教程的成稿和出版过程中，赵老师给予了我很多帮助。

此后，我还有幸在一些提琴考评领域与赵老师一起工作。

2003 年，文化部拟建立全国交响乐团演奏员上岗制度，为此成立了一个专家考评委员会。在弦乐组中，由赵老师负责小提琴，我负责中提琴，司徒志文老师负责大提琴。

之后，我和赵老师还连续五年一同担任清华大学音乐特长生考评委员会委员。

总之，赵老师对当代中国提琴教育的推广功不可没，他的工作就像在架设一架长长的云梯，从入门的第一级到音乐圣殿的最高一级，都有他的辛勤汗水。

---

① 王振山，1935 年 12 月生，长春人。他算是我的师兄，1955 年我入读沈阳音乐学院附中时，他在读大学。同年晚些时候，他去了匈牙利布达佩斯留学，先后就读于巴托克音乐专科学校、李斯特音乐学院，师从 F.Gabriel、D.Kovacs、B.Katona 等教授。1963 年，他以优异成绩毕业，获演奏家、教师文凭。回国后，长期执教于中央音乐学院，弟子有著名小提琴演奏家吕思清等。

由于社会上对考级特别重视，说赵老师编的提琴教材在中国琴童中是人手一本，也大概不为过吧！赵老师还写过《给参加音乐考级孩子家长的一封信》，在社会上广为流传。我在此摘抄几句：

有这么一种说法："学音乐的孩子比一般的孩子聪明。"这是有一定道理的。让我们设想一下，一个孩子拿着乐器，面前放着一本乐谱，就要开始演奏了。他眼看乐谱、手持乐器，要在最短的时间里，把眼睛看到的音符以及乐谱上的各种标记反映到脑子里，而大脑要立即发出指令让手指和身体的其他有关部位开始动作，让手上的乐器奏出乐谱的要求，当乐器出声后，耳朵要听演奏的效果，好的要巩固，不好的要找出原因并提出改进的办法，然后指挥手指和身体的各个部位再行动，再听再改进，而这一切仅仅是在几分之一秒中就要完成的。这只是最最简单的一个说法来说明学习乐器对锻炼青少年儿童的大脑和机能有多么好的作用……

中提琴家何君恒

何君恒是台北市立交响乐团的中提琴首席，我与他的结识是一种巧合。前文曾提及，我在中央音乐学院附中教过的一位女生李彩虹，后来去巴黎留学，就读于巴黎师范音乐学院，而何君恒恰好也在这所学院学习。他看到我翻译的《中提琴艺术史》后便爱不释手，从那时开始，我们便有了书信往来。

2002 年，何君恒给我写了一封信，信上是这样说的：

吴老师：

收信平安。今年台湾的经济不景气，所以动态的演出就减少了，那我就和几位同学一起办了一本小杂志，希望三个月出一本季刊，都是有关中提琴方面的资讯及知识。因为拜读老师的《中提琴艺术史》觉得收获非常多，在两岸出版品还未流通时，是否可在下期杂志中引用及介绍书中的内容给台湾的中提琴的老师学生们。因事涉著作权，必须经由老师的首肯，我们才能做。我会在老师收到信后和您联络，现附上我们的创刊号，并请批评指教。

学生：何君恒

2002 年 5 月 3 日

在那本《中提琴家季刊》创刊号的扉页上，作为指导老师和发行人的何君恒写下了这样一段话：

这些年来，经过几位前辈及许多老师的努力，台湾的中提琴已经不再是少数民族了。……几年前，我回到台湾时，就有了办类似专刊杂志的构想，但在能力、人力和物力的不足之下，一直无法实现，直到遇到了这群无私奉献和有相同理念想法的学生们，梦想才得以实现。

两年前马友友①来台湾演出时，我趁着空当请求他签名，并对他录制的大提琴版《巴托克中提琴协奏曲》表达崇敬之意，他不但很谦虚地回应，还写下了一句话给我——“还是中提琴好”，让我十分感动。

如果说台湾人被欺侮了400年就要翻身了，我想中提琴也该是时候了。

在我给他回信后不久，《中提琴家季刊》第二期就问世了。在这一期扉页上的“编辑部话语”中有这样的文字：

在《中提琴产生的历史》一文中引用了吴育绅教授的大作《中提

① 马友友，大提琴演奏家，在法国出生的华裔美国人，曾获得多座格莱美奖。马友友一开始学习的乐器是小提琴，后来改学中提琴，4岁开始学钢琴与大提琴，5岁开始在观众面前演出，7岁与家人迁往美国纽约定居，8岁结识了著名的大提琴家帕伯洛·卡萨尔斯，30岁时首次获得格莱美奖最佳乐器独奏奖（无交响乐团）。

琴艺术史》一书，为此要特别感谢吴教授的首肯，一解中提琴出生之谜。吴教授是大陆中提琴的祖师爷，作育英才无数，虽然已经从乐团退休，但仍然继续编写中提琴的教材，他对于中提琴界的贡献，我们将会再做进一步的报道。

接到第二期刊物后，我给何君恒回了信说："何先生过誉了，我只是大陆第一批由小提琴专业改学中提琴专业的学生而已，在大陆演奏中提琴的前辈众多，祖师爷的称谓让我汗颜……"

此后，何君恒几次邀请我赴台讲学，我虽然谢绝了，但还是为《中提琴家季刊》第三期推荐了一篇我编译的文章《巴赫的勃兰登堡第六号协奏曲》。全文如下：

1979年，在美国举行的中提琴比赛的开幕式上，近百名参赛者一起演奏了一首为两把中提琴写的协奏曲。此举引起了听众的极大反响，这样的演奏应该说是空前的壮举。这部作品就是德国作曲家约翰·塞巴斯蒂·巴赫的不朽之作《勃兰登堡第六号协奏曲》。

勃兰登堡协奏曲共有六首，是巴赫在管弦乐创作中最完整的作品。其特色可归纳为：深刻的艺术概括，多样化的乐器编制，不同凡响的音色对比。这六首协奏曲是巴赫在科滕时期为勃兰登堡侯爵克里斯蒂安·路德维格而作的。其中第六号协奏曲完成于1718年，要早于其他协奏曲。值得一提的是，巴赫曾经在柏林以第一中提琴的身份为勃兰登堡侯爵演奏过此曲。

这首降B大调协奏曲是六首协奏曲中唯一在配器中不采用小提琴的作品。为突出演奏主旋律的中提琴，作曲者在配器中采用了古老的弓弦乐器——音响柔和而低沉的维奥拉达甘巴，以及大提琴、低音提琴等低音的乐器和羽管键琴，使乐曲增加了低音音响及维奥拉的朦胧色彩。协奏曲的音色构思之奇巧别致由此可见一斑。

《勃兰登堡第六号协奏曲》由三个乐章构成。第一乐章一开始就由两把中提琴以卡农的手法演奏庄重宏伟的主题，它的色调是宏丽宽广而有力的。这充满活力并富有弹性的第一主题始终由两把中提琴来演奏，贯穿于整个乐章，第二主题的素材则在第一中提琴声部得到丰富和发展。第二乐章为慢板，是在勃兰登堡六首协奏曲中唯一在大调上写的慢板乐章。辽阔如歌的旋律，由第二中提琴声部奏出，从第五小节起，第一中提琴进入，开始了热情洋溢的复调二重奏陈述，发展到高潮时旋律逐渐混入低声部，由低音乐器接连不断地奏出。乐章的结尾，旋律进行停止在半终止上，紧接着是节奏感鲜明的活泼终曲快板，近似苏格兰吉格舞曲。终曲的结构虽然复杂，主题却简单，颇具弹性与活力，由两把中提琴齐奏，此后进入以优雅和戏谑性相互呼应的段落。最后是乐队齐奏结束，十分辉煌。

巴赫的创作开拓了16世纪以来配器的复调发展道路。在他的管弦乐作品中，每个声部既有独立的旋律轮廓，又兼顾了声部之间复调形式的配置。这种复调风格进一步确定了管弦乐队各乐器之间在艺术上具有同样重要的地位。由于《勃兰登堡第六号协奏曲》旋律优美、音调柔顺，声部和谐而清晰，在20世纪更为室内乐团所青睐而争相演奏。可见，它在中提琴艺术领域占有重要的地位。

何君恒于1986年毕业于台湾艺术专科学校，1988年赴法国读巴黎师范音乐学院，1989年又考入法国巴黎高等音乐学院，1991年获得巴黎师

何君恒中提琴独奏音乐会节目单

范音乐学院中提琴及室内乐高级演奏家文凭，1992年以第一名的成绩毕业于巴黎高等音乐学院。他于1999年前后在台湾开过两次中提琴独奏音乐会。在节目单的前言中，他是这样说的：

好朋友看到我的海报不是皱眉就是摇头，甚至还有以为是哀乐的呢！事实上，我这场“终”提琴独奏会，只是我在本世纪岁末年“终”的一项“终”极任务。这三首协奏曲是学中提琴者“终”生必学之曲目（曲目中前三首），而将三首协奏曲放在同一场音乐会中更是“终”其一生少见的音乐会。而在演奏“终”了时，我想大家都会和我一样轻叹一声——“终”于结束了。

到目前为止，中提琴演奏家在大陆也不乏其人，可还没有一位能如台湾的何君恒这般，举办如此极具造诣的高水准中提琴独奏音乐会，他演奏的曲目可以说是中提琴艺术领域中的顶尖之作：巴托克协奏曲、沃尔顿协奏曲、欣德米特协奏曲、奏鸣曲Op.11 No.5维瓦尔第古中提琴协奏曲等。那场音乐会我虽然没能够到现场聆听，可每当我翻阅音乐会节目单时，总会赞叹不已。

2006年，台北市立交响乐团首次到北京举办音乐会。这是一次难得的会面机会，我当尽地主之谊，便请何君恒（还有一位中提琴声部的演奏员

与何君恒聚餐

同来）到陶然亭花园酒店用餐，同时向他介绍了几位我的学生。这是我同何君恒第一次相见。

我同何君恒的第二次见面是在中央音乐学院主办的中提琴比赛上。那时，何君恒特意从台湾前来观摩。但这次会面很短暂，当时老薛住院需要人照顾，我只能匆匆赶到学院打了个招呼就走了。

从那时起又过了好多年，俗务缠身疏于联络，不知何先生一向可好？

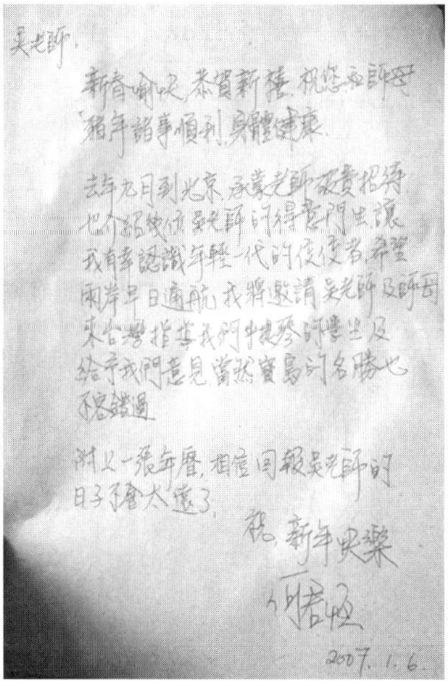

吳老師，

新春愉快，恭賀新禧，祝您和師母豬年諸事順利，身體健康。

去年九月到北京，承蒙老師熱情招待，也介紹幾位吳老師的得意門生，讓我有幸認識年輕一代的佼佼者，希望兩岸早日通航，我將邀請吳老師及師母來台灣指導我們中提琴的學生，及給予我們意見，當然寶島的名勝也不容錯過。

附上一張年曆，相信回報吳老師的日子不會太遠了。

祝，新年快樂

何君恒

2007.1.6.

何君恒来信手稿（2007 年）

翻译《中提琴艺术史》

《中提琴艺术史》是苏联音乐家 C. 波尼亚托夫斯基的一本音乐专著，1984 年由苏联莫斯科出版社出版发行。同年 10 月底，我的学生刘勇从山东济南给我寄来了这本书的俄文版。我看完前言之后，如获至宝。因为我虽然是国内最早学习中提琴专业的大学生，但是在经历了 28 年的漫长岁月后，对中提琴艺术的发展过程也不甚了解。我知道国内各大乐团的中提琴演奏员基本上都是由小提琴专业改学中提琴的，大家也都迫切希望了解中提琴这一乐器的诞生及其发展历程，于是我决定把这本书译成中文。

C. 波尼亚托夫斯基在前言中写道：

> 在弦乐艺术史和理论教程中，中提琴艺术也占有重要的地位，然而直到现在，还没有一部全面的有关这方面的论著。《中提琴艺术史》是苏联第一部这方面的著作，笔者在同苏联大作曲家、指挥家、演奏家的谈话中获得了极有价值的知识及第一手材料。这部教材的完成得力于许多弦乐艺术史论专著，收集和概括了俄国、苏联以及国外出版的大量中提琴史料。同时，在本书的写作过程中，笔者融入个人对当代苏联和外国中提琴家演奏的亲身感受，并参考了已出版的唱片及乐谱。

研究中提琴艺术史是中提琴演奏者专业培训的一个方面。因为正是在一定历史展望之中构成的互相依赖、互相制约的一系列事实，有助于形成一种历史主义情感，有助于提高以应有的自由去分辨音乐演奏艺术尤其是分辨中提琴演奏艺术各种不同流派与风格的能力，也有助于提高对演奏者来说最重要的本领——艺术上准确处理作品的本领。而熟悉演奏名家的教学原则，熟悉一系列最重要的中提琴作品，必然有利于出色地完成上述任务。

……

我们对中提琴艺术发展的某个时期的认识，总是不断得到新的资料的补充。譬如说，在最近15—20年间，从欧洲的图书馆和博物馆的档案中发现了一批18世纪重要中提琴作品的手稿，基本上属于大型作品。这些作品从根本上使我们改变了对18世纪中提琴艺术的看法，从而把它看成是中提琴独奏艺术蓬勃发展、硕果累累的时期。既然事实上存在着为中提琴和乐队写的协奏曲（发现了将近20首），那么显然有中提琴家演奏过它们。然而，有关18世纪及19世纪上半叶的中提琴演奏家的资料，除个别外，我们还知之甚少。关于这方面的材料我们正在努力寻找，因此这个任务有待于将来完成。

我的俄文是在沈阳音乐学院附中和大学里学习的，本来基础就比较差，很多年不接触也忘得差不多了。面对一本21万字的俄文原著，我知道将它译成中文是一项极其艰苦的工程。当时，我除了参加中芭的排练演出之外，还在中央音乐学院附中、解放军艺术学院、中央民族大学、北京师范大学、北京舞蹈学院等院校兼课，这些几乎占据了我的全部业余时间。因此，我只有在每天晚饭后，才能开始翻译工作。

我们住的老房子没有客厅，只有两间卧室，一间我们夫妇住，另一间是两个孩子住。每到夜晚，我就在两个卧室中间的过道摆上桌子，点亮台灯，日复一日地做着翻译工作。其间，我儿子认为以我的水平能翻译出这本书差不多是天方夜谭，老薛虽然没有这么说，但也不太相信我能坚持做下来。我心想，你们就等着瞧吧。

我是从 1985 年春节之后开始翻译的，坚持了一年，译出了全书的三分之一。我把这部分文稿寄给了人民音乐出版社，想听一听他们的意见。不久，我便接到了出版社编译室署名为胡蜜的回信。信中说，经专家研究，出版社认可《中提琴艺术史》一书的价值，决定予以出版，请尽快将全书译完。我接到这封信后非常兴奋，劲头十足，经常从晚饭后一直工作到天明。就这样，时间进入 1987 年时，第一稿已经全部翻译完成，并送交到人民音乐出版社。

过了几天，胡蜜忽然打电话来告诉我："人民音乐出版社的俄文编辑已经退休了，没有人做校对的工作。要是您能够自己找人完成全书的校对工作，就可以出版印刷了。但是按照社里编译室的规定，您请的这位校对者的稿酬需要从您的稿费中支出。"这当然不成问题，我翻译这本书本来也不是为了钱，可是我去哪里请懂俄文的专家来担任校对呢？思前想后，仍一时没有着落。

过了一段时间，我忽然想起我的一位学生刘梦鳌是外语学院俄语专业的毕业生，他曾经每周到我这里学习小提琴，但工作之后就不来了。我给刘梦鳌打了电话，把事情的经过原原本本对他讲了。他听了之后，也不太相信我能完成一本 21 万字的俄文原著翻译，可能也是担心做无用功吧。于是我把人民音乐出版社外文编译室的电话告诉他，让他打电话求证。

编译室的同志告诉他："我们一直在等待这本《中提琴艺术史》的译稿，确实排进了出版计划，请您帮帮忙吧。"于是，刘梦耋取走了原著和我的译稿。

大约半年后，到了1987年年中的样子，刘梦耋完成了全部校对工作。他把译稿送来的时候，特别对我说："吴老师，您这个译文的校对，我是特别用了心的，可以说是完全忠实于原作，分毫不差。如果您能再从头至尾仔细阅读一遍，一定会提高您的俄文水平。您可千万不要再做任何改动了……"我当时有大功告成之感，心中的一块石头落了地，满心欢喜地把厚厚的一叠译稿送交胡蜜，静候佳音。

没有想到的是，一周之后，我接到了胡蜜的电话，让我将译文取走。她说："你原来送来的译稿很流畅，怎么校对之后读起来反而晦涩难懂呢？而且复句、倒装句太多，一点儿都不通顺，不符合国人的阅读习惯，我们觉得现在这样是不能出版的。这样吧，您先把稿子拿回去，就按照先前给我看的风格再顺一顺吧！"那一刻，我真是如一盆冰水浇在头顶，从头凉到脚。

取回译稿之后，我仔细地阅读了一遍，发现刘梦耋确实是按照原著来直译的，而我的翻译意译的成分比较多，很多地方用我们习惯的说法来解释，看起来自然比较顺畅。现在，出版社不能接受刘梦耋的校对稿，而刘梦耋这位俄文高手又不让改动他的稿子，真是让我进退两难。

这时，老薛说："我们还是按照出版社的要求做吧，我来帮你。"老薛可谓家学渊源，从小通读名著，文字水平比我要高。她亲自动手，用了两个多月的时间，帮我重新梳理了一遍译稿。这回，当我战战兢兢地把全部稿子送交出版社时，当即获得了通过，真是令我大喜过望。

同时，我听从老薛的建议，请指挥家兼我的老朋友卞祖善写了中文版序言。我在“译者的话”中是这样写的：

我国中提琴的历史比较短暂，大约只有半个世纪。作为新中国培养的第一批中提琴专业工作者，我希望能为年轻的中提琴事业做一点工作。《中提琴艺术史》是一部珍贵的文献资料。该书系统地介绍了中提琴乐器的起源及其漫长的发展道路。书中列举了从古典乐派、浪漫派到现代派的著名作曲家为中提琴写的大量作品，并做了扼要的解析。在阐述中提琴从 15 世纪萌芽一直到 20 世纪的发展过程中，作者先后提到 150 多位演奏大师、提琴制作大师和优秀的教育家，他们为中提琴艺术做了重大的贡献。

在我国音乐艺术的百花园地里，中提琴是一朵含苞待放的花朵，相信不久就会迎来她的春天。预祝我国的中提琴队伍不断成长壮大，尽早在世界乐坛上争得应有的席位。

在此谨向山东艺术学院的刘勇先生表示感谢，是他向我提供了 1984 年苏联版《中提琴艺术史》一书的原著。

特别要感谢我的妻子、中央芭蕾舞团的薛学行女士，是她支持帮助我最后完成这项有意义的工作。

这篇“译者的话”写于 1988 年 1 月 18 日，那时人民音乐出版社已经确定出版这本书了。可是不知为什么，直到 1996 年 10 月，此书才第一次出版发行，1998 年 10 月又进行了第二次印刷，总共只印了 2560 册。

当时，中央电视台《读书时间》的制片人吴玉仑知道我翻译了《中提琴艺术史》这本书，特别在节目中予以介绍，说我“为严肃音乐做出了贡献”。

我翻译的《中提琴艺术史》的封面

2009年，我的一位学生家长赴苏联考察，从莫斯科带回一本《中提琴艺术史》的2007年俄文再版本，里边加入了16页图片，其中有9把中提琴和20位中提琴演奏家、教育家的照片。我想人民音乐出版社再版中文版时，应该把这些照片也加进去。

1996年《中提琴艺术史》中文版出版发行后，人民音乐出版社给了我7000元稿酬，并赠送了100本样书。我当即送给刘梦耋3500元及两本样书作为答谢。那100本样书，至今只留存下最后一本了，其余都被我分送给音乐院校的中提琴教师、各个音乐团体的中提琴演奏员和一些学习中提琴的学生了。从他们拿到书时发自内心的喜悦，我看到了我这一翻译工作的价值。

我还记得当我送书给岑元鼎老师时，他睁大眼睛看着我说：“这真是你翻译的啊？”我知道他并不是怀疑此事的真假，而是他深知其中的辛苦，也算是对我的褒奖吧。

还有一件相关的事情要记在这里。《中提琴艺术史》中文版发行后不久，原著者C.波尼亚托夫斯基恰好有机会来华访问，他特别对人民音乐出版社的有关领导提出，想与本书的中文译者见面。但我当时正好去香港演出，错过了一次有意义的会面。

全国中提琴比赛评审委员会合影。从左至右：前排为关庆武、我、岑元鼎，后排为沈西蒂、吴菲菲、许蕴卿、老薛

我觉得有些遗憾，老薛却跟我开玩笑说："这次你碰巧不在，也好。如果见了面，我看你的俄语没法同人家交流，那还不让人怀疑——这书是你翻译的吗？"是啊，如果见到 C. 波尼亚托夫斯基，我大概只能说"你好""请坐"这样的简单短语，真要探讨一些话题，我身边得备上字典，一边查生词，一边开聊吧。

三届中提琴演奏会

1981年至1983年，我曾经组织过三届中提琴演奏会，都是在中央芭蕾舞团四楼礼堂举办的。

这三届演奏会可谓声势浩大，参演者有中央音乐学院、中央音乐学院附中、解放军艺术学院、北京舞蹈学院、山东工学院、四川音乐学院以及中央乐团、中央歌剧院、中国歌剧舞剧院、中央芭蕾舞团、北京歌舞团、中央民族歌舞团、解放军总政文工团、北京电影乐团、云南省歌舞团、解放军铁道兵文工团、中央广播交响乐团等艺术院校和文艺团体的演奏员。

每一届演奏会都准备了差不多三个月的样子，同学们知道有这样的机会也都很兴奋、很重视，上课时格外认真，课后还会抽出时间合伴奏。

院校的学生都是由本校的钢琴老师或者同学来弹伴奏。比如，当年为张安祥弹钢琴伴奏的是作曲系三年级学生叶小纲，如今小纲已经是著名作曲家、中央音乐学院副院长、中国音乐家协会主席了。

院团的演奏员也比较容易找到同事来帮忙。比如，为刘勇担任钢琴伴奏的是山东济南的王觉先生，他现在担任上海音乐学院作曲指挥系指挥教研室主任；为张金春弹钢琴伴奏的是诸信恩，这位前辈可是老资历了，当年北京舞蹈学校实验芭蕾舞团刚刚成立的时候，他就是乐队指挥；为我们

中提琴演奏会留影

的双中提琴二重协奏曲担任钢琴伴奏的是邢维凯，当时他刚从中央音乐学院附中毕业分来团里，担任舞蹈演员的课上伴奏，现在他已经是中央音乐学院附中校长、博士生导师了。

社会上的学生自己去找伴奏就有些难处，于是我请了团里的文国瑶、王明华等钢琴演奏员来帮忙。那时候别说给钱，连饭都没有请人家吃过，就是那么个风气，大家都比较有事业心，觉得你这是个正经事，愿意来帮一把。

说起王明华，那可真是个热心人，不光是这三届中提琴演奏会麻烦过他，当初老薛在北京投考各个文艺团体、我的外甥贾红光开演奏会也总是请他帮忙。后来他移居香港了，我们偶尔还有电话联系，我总对他说："什么时候你回内地，咱们再合一次重奏吧。"

当时的交通和通信都没有今天发达，但是我一打电话邀请，很多乐坛的大师级人物都欣然前来，像著名作曲家杜鸣心、石夫，指挥家卞祖善、徐新，中央音乐学院教授李向阳，中提琴演奏家岑元鼎、王恩悌等。此外，我还接到了小提琴教育家林耀基、司徒华城打来的祝贺电话。

1983年6月4日的第三届中提琴演奏会上，还来了一位美国客人——中提琴演奏家约翰·格雷厄姆，当时他正在中央音乐学院授课，听说演奏会的消息后，就偕夫人一起来了。他对这

约翰·格雷厄姆在第三届中提琴演奏会上

场演奏会给予了高度评价，还送给我一张他的独奏音乐会的唱片。我请格雷厄姆方便时给张安祥上一次课，格雷厄姆高兴地答应了。当时祥子正处于水平上升期，在三届中提琴演奏会上分别演奏了巴托克协奏曲（第一、二、三乐章），巴赫的恰空舞曲、勃兰登堡第六二重协奏曲以及欣德米特无伴奏奏鸣曲 Op.11 No.5。

作为这一活动的组织者，我在第二届中提琴演奏会的节目单上写了这样几句话：

中提琴作为一个专业，在我国的器乐演奏史上还很年轻。音乐院校的中提琴主科开设得比较晚，专业学生也比较少，各大院团和交响乐队的中提琴声部普遍比较薄弱。

我们举办这样的汇报演奏会，旨在：

一、提高和促进中提琴的演奏与教学水平。

二、请领导、老师和同行检阅中提琴青年演奏员的学习成绩。

三、介绍一些在国内尚不被大家熟悉的中提琴作品。同时，也希望作曲家们能为中提琴多写作一些作品，共同努力推动中提琴事业的发展。

其实，除了上面这些，我办演奏会还有两个目的：一个是希望扩大中提琴的影响，让大家知道这个乐器的表现力和能够完成的技巧；另一个是为学生提供一个舞台，因为中提琴演奏员是很少有机会登台独奏的，创造条件让年轻人得到锻炼，相信对他们会是终身受用的。

在第三届中提琴演奏会之后，我们接到了北京大学团委和清华大学学生会文化部的邀请。我将其视为向社会介绍中提琴的良好契机，带领同学们于 1983 年 6 月去北大和清华举办了两场中提琴专场音乐会。

我想着重说一说几届中提琴演奏会的曲目选择，这在当时的国内中提琴领域颇有“会当凌绝顶”的意义。它们包括：协奏曲、奏鸣曲 19 首，中外乐曲 20 首，随想曲及音乐会练习曲 8 首，重奏曲 9 首。在这 56 首中提琴作品中，有很多都是首次在国内演奏。

在第一届中提琴演奏会上，张安祥演奏的曲目是巴托克协奏曲；刘勇演奏了欣德米特的《天鹅舞》；王燕鸿当时还是一名中学生，演奏了格拉祖诺夫 F 大调单乐章协奏曲；江川演奏了苏联近代作曲家布宁为中提琴创作的 G 大调协奏曲；当时在中央音乐学院附中读书的何非演奏了切里捷尔的降 E 大调协奏曲。

以上这些曲目，加上在第二届中提琴演奏会上，肖岚演奏的威廉·沃尔顿协奏曲，张金春演奏的斯坦米兹 D 大调协奏曲，以及在第三届演奏会上，王玫玫、贾红天演奏的莫扎特降 E 大调二重交响协奏曲，唐侃演奏的帕格尼尼大奏鸣曲，都是当代中提琴独奏音乐会和国际比赛上不可或缺的经典保留曲目。

谈及这三届中提琴演奏会，还必须提到两部作品，那就是巴赫勃兰登堡 6 首弦乐协奏曲中的 No.3 和 No.6。

勃兰登堡 No.3 是室内乐重协奏曲，是由小提琴、中提琴、大提琴、低音提琴和钢琴 5 个声部共 13 位演奏员参演的，其中中提琴声部我安排了 6 位学生，他们是：江川、何非、张金春、黄坚、卜大炜和李晶。

勃兰登堡 No.6 是双中提琴二重奏协奏曲，共有 20 位中提琴手参加演出，每声部 10 位。第一声部是张安祥（首席）、江川、张金春、曹祝利、肖岚、宋丹秋、李晶、蒋琛、张建立、王燕鸿；第二声部是王玫玫（首席）、曾雪萍、陈志豪、田宪中、李永军、魏燕萍、唐侃、徐庆珠、何非、魏宏。

勃兰登堡 No.6 双中提琴二重协奏曲是勃兰登堡协奏曲系列中的最后一首，在中提琴艺术史上具有重大意义。这部精美之作堪与浩瀚乐海中的任何一部二重协奏曲相媲美，两把中提琴都有着独特的音调，节奏多变而有弹性，主题旋律非常适合中提琴演奏，并能极好地发挥其音色特长。这部作品与 No.3 协奏曲大约创作于 1718 年，要早于其他协奏曲。在我能找到的文献中记载着，苏联莫斯科室内乐队在 1955 年首演了这部作品，而在 1975 年美国举办的中提琴比赛上，有近百位乐手同台演奏这部作品，引起了巨大反响。

就在第三届中提琴演奏会结束后不久，国家文化部接到了第 32 届慕尼黑国际音乐比赛的邀请函，时间是 1983 年 9 月 6 日至 23 日，参赛项目

中提琴演奏会演出现场

有钢琴、中提琴、圆号、竖琴和小提琴钢琴二重奏。其中，中提琴的比赛曲目共四轮，第一轮有切里捷尔的降 E 大调协奏曲、斯坦米兹 D 大调协奏曲，第二轮有帕格尼尼大奏鸣曲，第三轮有欣德米特无伴奏奏鸣曲 Op.11 No.5，第四轮决赛的曲目是欣德米特的《天鹅舞》、巴托克协奏曲、沃尔顿协奏曲以及波洛克的中提琴与乐队组曲。而这八首协奏曲和奏鸣曲在我们的三届中提琴演奏会上都有青年演奏员出色地演绎过。

在这三届中提琴演奏会上，共有 111 人次参加了演出（包含钢琴伴奏）。随着 20 世纪 80 年代出国潮的来临，很多学生都远赴海外深造。第一届中提琴演奏会有 18 名同学参加，而 1984 年之后，他们中已有 10 人到海外发展。因此，当我再想组织第四届中提琴演奏会的时候，已经后继乏人了。

20 世纪 80 年代举办的这三届中提琴演奏会，其曲目选择的难度、广度，演奏者的技巧表现，以及整体的规模水平，在当时都是史无前例的。

这一音乐活动也深深留在了那些青年演奏者的心中。

不久前，还有人从海外向我提议："吴老师，30 年过去了，我们是不是再组织一次演奏会啊？"

我说："好吧，让我考虑一下。"

两位“老学生”

江川是我早期的学生之一，今年也快 60 岁了。他当初到我班上学琴，是他的叔叔江云凯介绍来的。云凯是我的师兄，曾在沈阳音乐学院学过小提琴和中提琴。

江川来我家学习的时候还只有十几岁，可以说我是看着他长大的，他对我和老薛也像自家的亲人一般——

那时候，小央初学小提琴，需要 1/4 型号的琴，他很快就送来一把。

当年葛康同找来的那张钢琴票被李洪洲半路劫走后，江川又想办法帮我找到一张，这样家里终于有了学生上课用的钢琴。

有一天，江川带了一个很秀气的女孩子来家里，告诉我们这是他的女朋友小齐，刚确定关系，还没见过自己的父母，先带来给我们看看。

……

江川出身书香门第，其父江浩是北京科学教育电影制片厂的导演，哥哥是学画画的。“文化大革命”期间，北京文艺界全面下放劳动，江浩先生去了江西。有一年，江浩先生来家里看我，带来了一个茶叶筒，是由一整节竹子做成的，上面刻有篆字，很精致，完全是一件工艺品。江浩先生不无得意地介绍说：“全功，全功。”我想他的意思是说全部工序都是由他自己亲手完成的，那情景至今历历在目。

江川在我班上入学时间早，年纪也长一些，算是班长吧，有什么事也都是请他召集。那时候，每年的春节我都会把学生请到家里聚餐，由老薛主厨，后来人太多，屋子里坐不下，我就去借声部排练室，把几张桌子拼起来。每次聚餐，江川都早早就来，忙前忙后，很有个师哥的样子。

20 世纪 80 年代，我组织了三场中提琴演奏会，其中第二场最后的勃兰登堡双中提琴二重协奏曲是由 20 位学生齐奏的，我安排当时刚刚毕业的张安祥在第一声部担任首席。江川私下对小中说：“我跟吴老师学琴比祥子早吧？年龄也大吧？再说我都在中央广播乐团工作好几年了，我觉得我应该坐首席，我看你爸有点偏心中央音乐学院附中的学生呢。”我听了哈哈一笑，其实我把他安排在第一谱台副首席的位置，就是考虑到他是祥子的师哥。

江川正在拉琴

江川跟小中的关系很好，他俩之间无话不谈。有一次，江川对小中说：“我觉得你玫玫姐姐（我四姐的大女儿）有点傻。”小中说：“为什么这么说我姐姐？”江川说：“你看她找了个男朋友，个子高得跟电线杆子似的，岁数还比自己小，你说她傻不傻？”小中说：“那我玫玫姐姐喜欢啊。再说她也老大不小了，不跟唐侃又跟谁呢？”江川随口说：“还不如跟我呢。”小中说：“你净胡扯，你不是有媳妇了？小齐姐姐多好啊……”这番话被我听到后，我才知道江川这小子还有点活思想呢。

20 世纪 80 年代中期，国内掀起了出国热潮，江川也打算去日本闯闯。江川对日本的情形一无所知，可以说是前景渺茫，但是当时的年轻人都有着改变生活状态的强烈决心，他还是毅然决然地前往日本。江川来我家辞行的时候，我对他说："你多多保重，老师没有什么礼物送给你，这是缪宇凡的电话，他也在东京，如果你有什么困难，也许他能帮上点忙。"就这样，江川踏上了东渡的旅程。

缪宇凡是我的另一位"老学生"，11 岁就跟我学琴了。当时我住单身宿舍，周末常有棋友找我下棋，一下就下到深夜，所以礼拜天宇凡来上课的时候，往往我才刚起床，宇凡就帮我收拾棋盘，把黑白子分别放到盒子里。

宇凡有个妹妹叫缪梅梅，也曾经跟我学过一段时间小提琴，但她在音乐方面没有太多灵气，后来便作罢。而他的父亲缪建行跟我四姐一家是朋友，早年在部队上拉二胡，年纪比我小几岁，我跟老薛管他叫小缪。

缪建行行伍出身，教育方式严字当头、简单粗暴，在家里看着宇凡练琴时经常拳脚相加。在这种氛围下，宇凡每天练琴的时间长达七八个小时，有时候拉着琴就睡着了。1977 年，宇凡顺利考上了中央音乐学院附中，结果在体检的时候，查出他"肝大二指"，这与长期过度劳累、营养不良有关。这下把缪建行两口子吓坏

我与学生的聚餐合影。左一为宇凡，左二为江川

了，赶紧给他做各种好吃的，也不那么逼着他没日没夜地练琴了。

某一年，缪建行从广电部调到了中国电视剧制作中心担任制片主任，小央高中毕业后还跟着他在剧组干过一段时间。我想，小央后来做了电视这一行当，或许与这一段经历有关吧。

宇凡在附中先后师从赵惟俭、韩里、王治隆、王振山等名家，1980 年毕业后被分到了北京歌舞团乐队，也即现在北京交响乐团的前身。这个乐队并不出名，但是乐队里有一位当时名不见经传的小号手后来却很有名，他就是崔健。

那个时候，我在北京的社会关系比较简单，宇凡一家算是我们走动得很频繁的朋友。记得每年的春节，我们全家人都会去宇凡家玩一天，一起聊天、包饺子，宇凡比小中大几岁，就带着他去放鞭炮，其乐融融。

宇凡在 20 世纪 80 年代去了日本，曾经几易工作，后来到了一家商行打工。商行的老板铃木先生喜欢围棋，当时中日围棋对抗赛家喻户晓，“聂棋圣”如日中天，铃木先生特别想跟聂卫平下一盘棋，后来这个愿望在我的帮助下得以实现。

小中与宇凡（右）

有一天，在东京的宇凡接到一个电话。那人说：“我是江川。吴老师说我实在没办法的时候，可以给你打个电话，我现在走投无路了。”宇凡说：“江川？你在哪？你别动，我现在就去接你。”由于江川说不太清楚自己的位置，宇凡费了一番周折才找到他，把他带回了自己的住处。

那时候，宇凡的处境也十分艰苦，租住了一间 10 平方米的小房间，在一家餐馆当领班。在这样的情况下，宇凡依然接纳了师哥，每天晚上下班后从餐馆带回些吃的给江川充饥……

很多年后，江川对我说：“那是我一生中最绝望的时刻了。我日语不行，找不到工作，举目无亲，没有住的地方，我当时连投海的心都有了，因为走的时候说过不混出个样子绝不回北京。还好那时我想起了您给我的宇凡的电话……”

后来，江川考入东京音乐大学并顺利毕业，获得了学士学位，又辗转来到美国圣地亚哥国际青年交响乐团，在那里拿到了相当于硕士学位的演奏家文凭。

我与宇凡（左）、江川（右）

江川和缪宇凡，是我最早教过的两个学生，遗憾的是，他们后来都放弃了音乐专业，改行做起了生意。经过一番周折后，他们又都不约而同地选择了回国发展。现在，他们一个在深圳，一个在北京。我们偶有电话联系，几年才能见一次面，但多年的师生情、同学谊，并没有随着时间的流逝而变淡。

第一位中央音乐学院附中的学生

说起我与张安祥的相识，还要从1978年说起。

张安祥

记得那是春天，我刚做完痔疮手术，每天在家里练倒立。有一天早上，我们中芭乐队的首席郑凯林带来了一个消息——中央音乐学院附中聘请我兼授中提琴主课，让我尽快去弦乐教研室报到。于是，我欣然前往。

第一次去中央音乐学院附中，是王振山和赵惟俭两位老师接待了我，当时他们两位是附中小提琴教研室的负责人。他们告诉我学校安排了张安祥和曾雪萍两位学生跟我上课，由小提琴改学中提琴。

就这样，我开始了在中央音乐学院附中和本科长达30年的兼课。

当时中央音乐学院本科的中提琴由隋克强教授授课，附中没有师资，就外请了我和中央乐团的中提琴首席岑元鼎来教。

张安祥与曾雪萍

记得张安祥的第一堂课，演奏的是罗德随想曲第五首，给我留下了不错的第一印象。我觉得这个孩子改学中提琴是正确的，因为他身体条件好，手大。而女生曾雪萍相对而言条件就差了一点，但她也很聪明。这两个学生是我在中央音乐学院附中最初带的学生，我决心把他们教好。

我的授课计划是这样的，练习曲从帕拉什阔开始，协奏曲由泰勒曼、汉多什金、斯坦米茨开始，通过音阶、琶音来调整音色。因为他们两年后就要毕业了，要想接触更多的中提琴作品，必须加快进度。

张安祥练琴很用功、很扎实，进步很快，每学期的期末考试成绩都是优秀。他的毕业演奏作品是莫扎特回旋曲和布宁《G 大调协奏曲》，演奏表现得很出色，教研室开会一致通过他直升本科，可最后的结果却突生变故。钢琴老师陈建华（中芭乐队大提琴手李天生的爱人）告诉我，这是因为张安祥在附中谈恋爱，还与同学动手打架，屡次违反校规校纪，学校领导说了，不能培养这样的学生进大学。

听说张安祥不能继续读大学的消息，我很着急。那时候学校已经放假了，张安祥也已经回到京郊延庆的家里。那时候不像现在通信这么方便，我只能赶紧想办法通知张安祥，让他快回来，准备去各个院团考试的曲目。于是，整整一个夏天，张安祥都在苦练备考。

后来，张安祥在投考中央乐团时发挥出色，中央乐团决定录取他。但是，当时的毕业生都要由国家统一分配，张安祥便和其他六名同学一起，被分到了北京交响乐团。

张安祥从附中毕业后继续在我这里上课，一直很用功，曾参加北京音乐家协会举办的弦乐器比赛，获得中提琴演奏奖。获奖后，他非常兴奋，特地带来一瓶茅台酒作为谢师礼，这瓶酒我到现在还珍藏着。

我和老薛都很喜欢张安祥，管他叫祥子。祥子学提琴的身体条件好，理解力强，又肯用功，我们知道这样的学生是一定能成大器的。可是祥子却有些怕老薛，每次来家里上课都要先问问“薛老师在家吗？”这是因为老薛要求严格，批评起人来一点儿不留情面，而我对学生比较宽容，特别是对祥子有些偏爱。当祥子还在学校读书时，每到休息日或者没课的时候，赶上中芭有排练，不论是舞剧还是交响乐，我总是让他来听；北京舞蹈学院乐队学员进行结业考试时，我也把他带到考场去；有一次中芭到外地演出，我觉得演出是最好的学习机会，就把他叫来一起参加……

1982 年的第二届中提琴演奏会上，我安排了 20 位中提琴手演奏巴赫的勃兰登堡 No.6 双中提琴二重协奏曲，第一、第二中提琴声部各 10 人，第一中提琴声部的首席就是祥子。第二年，美国中提琴家约翰·格雷厄姆应中央音乐学院之邀来华讲学，我请他为祥子上了一次课，那一次祥子演奏的是欣德米特奏鸣曲，格雷厄姆对他的演奏是满意的。

时隔两年，又有一位美国中提琴家来华授课，我请他来我家共进晚餐，还特别把祥子叫来作陪，利用这个机会请外国专家对祥子耳提面命，指点一番。

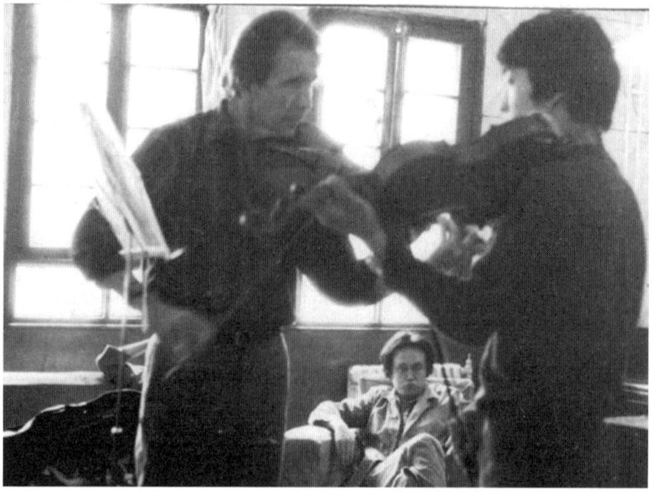

约翰·格雷厄姆在给张安祥上课

我与理查德·克莱德曼在香港合影留念（1992 年 9 月）

1992 年，法国钢琴家理查德·克莱德曼进行访华演出，由中央乐团室内乐团担任伴奏，那时祥子是室内乐团的中提琴首席，便邀请我一同赴香港演出。后来，祥子与附中的另一位毕业生——师从岑元鼎老师的王建民，同为国家交响乐团首席。2000 年组建中国爱乐乐团时，祥子加入这个当时被认为是国内最有前途的音乐团体，担任中提琴首席至今。

2005 年 11 月，指挥家克劳斯·韦瑟来华，与中国爱乐乐团合作演出，在音乐会上演奏了浪漫派标题音乐家柏辽兹的《哈罗尔德在意大利》，祥子出色地演绎了这部经典巨著中的中提琴独奏。之后，他又与年轻的中提琴演奏家曹臻合奏巴赫的勃兰登堡 No.6 双中提琴二重协奏曲。

而和祥子当年一起在我附中班上学习的曾雪萍，后来成了祥子的妻子，现在在中芭交响乐团担任中提琴演奏员。

1994 年中央芭蕾舞团交响乐团音乐会后，我、老薛与张安祥、曾雪萍合影

解放军艺术学院的学生们

20 世纪 70 年代末的一天，曾经的乐队同事于音来找我，说解放军艺术学院（简称“军艺”）音乐系请我去兼授中提琴主课。

于音是中央音乐学院小提琴专业 1961 届的学生，曾经多年在中芭乐队担任一提琴演奏员，并且是我的东北老乡。20 世纪 70 年代后期，他调到了军艺当老师。后来说起于音，很多人都会谈到他的妻子。那是位女军人，年轻时英姿飒爽，还曾经去中南海跟毛主席跳过舞。

说起军艺，跟我们沈阳音乐学院还有点儿亲戚关系。

沈阳音乐学院的前身是延安鲁迅艺术学院（简称“鲁艺”），在 1939 年分成了几部分，有一批干部去了晋察冀抗日根据地，联合陕北公学等校创办了华北联大；1940 年，鲁艺华中分院成立后，又去了一些老师；1941 年，青艺成立了，而八路军留守兵团又在延安创办了部队艺术学校（简称“部艺”），这些学校都算在“大鲁艺”范畴之中。而部艺，正是军艺的前身。

军艺在 1969 年停办，到 1978 年又恢复了建制，由于没有师资，便从社会上大量招收专业人才，于音就是那个时候调过去的。

军艺位于白石桥路的北边路东，大院里道路整齐，礼堂宽阔，到处是松柏树和五角星的造型。很多大孩子一看就是新学员，穿着崭新的军装走来走去，掩饰不住满脸得意的表情。

我那时在军艺一共教了 8 名学生，其中有 5 名学生的专业课我比较满意，他们也都参加了三届中提琴演奏会，共演奏了 20 首中提琴作品，除了《三届中提琴演奏会》那篇文章里提到的曲目之外，还有《马头琴之歌》、哈美尔的《G 大调 No.4 协奏曲》、维尼亚夫斯基的《传奇》、萨拉萨蒂的《安达鲁斯浪漫曲》、勃洛克的即兴曲《回忆》等。

在这些学生中，业务最好的是刘勇，他其实不算军艺的正式学生，只是军艺乐队的演奏员，没有学籍；其余几名同学——曹祝利、李永军、肖岚、魏燕萍、陈阿光、苏达人，则水平参差不齐。

1979 年，小中上了初中，刘勇常常带他去军艺玩，暑假里有时候干脆就住在那儿。军艺有食堂，有游泳池，加上那些哥哥姐姐对小中很是照顾，他在军艺玩得相当开心。关于那些学生的情况，很多我都是从小中口中得知的。

跟小中关系最好的是曹祝利，家在大连。20 世纪 80 年代的一个夏天，小中干脆跟着他跑大连玩去了，还是坐海轮去的。小中回来后告诉我，曹祝利家住在一栋日式小楼里，他父亲精通英语、日语，以前是大资本家，负责南满铁路上所有餐食的供应。

陈阿光也是东北人，外形长得五大三粗，却是这伙人里面最内秀的。阿光的父亲是《黑龙江日报》的主编，在这样的家庭影响之下，他从小就读了很多书。阿光热爱文学，平时还写小说和诗歌，跟同样是文学青年的小中很聊得来。小中从军艺回来的时候，十分郑重地拿着一页纸，说是阿光给他开的一个作家书单，上面有叶芝、波德莱尔、毛姆、海明威等人。

李永军呢，跟我的另一个学生江川最要好，他俩有说不完的话。用今天的话说，李永军是个小帅哥，皮肤白净，轮廓鲜明，头发还微微卷曲。为了养护好他的头发，李永军下了不少功夫，洗头专门用威娜宝——在 20 世纪 80 年代初，那就是能买到的最高级的护发用品了。李永军当时很想出国，但是他的业务一般，考国外的音乐院校有点儿难度。江川跟他开玩笑说："要不你找个外国女朋友，跟她出去算了。"没想到的是，几年之后，李永军真的娶了一位日本太太，东渡扶桑。老薛说："永军啊，带你的日本媳妇来家里给我们看看啊。"李永军一脸谦虚地说："不好意思，拿不出手，拿不出手。"把我们都逗乐了。

我去军艺兼课时，因为团里有排练和演出任务，还要去中央音乐学院附中上课，所以时间很紧，每周只能安排一天去军艺。在那一天，我一大早就出发，从南到北乘公共汽车穿过整个北京城，在早晨 8 点之前赶到军艺，上一整天课之后，再坐公共汽车回到中芭，那时便已经是万家灯火了。后来，团里的事情越来越多，我就向军艺音乐系提出不再兼课了。

我离开军艺很多年了。据说从那之后，军艺音乐系就不再招收中提琴专业的学生了，直到现在还是这样。而我所教的那个班的学生毕业后，分别去了解放军总政歌舞团、海政文工团、北京军区文工团等乐队担任演奏员，还有几位去了美国、日本、意大利。听说苏达人留在了军艺，现在是音乐系的秘书，而陈阿光成了一位乐器收藏鉴定家。

回忆起在军艺教课的那段时光，就不由得想起了当年请我去上课的于音。我们还真是挺有缘分的——现在我伏案写这篇文章的地方，是位于南华东街甲 2 号院的我的家，而当年正是于音一家的住地。

中央民族大学的几名学生

从20世纪80年代起，我应聘到中央民族大学音乐系教了一段时间的中提琴，前后给张强、陈剑、穆宗顺、关音馨、何辉、段茹、叶琳琳、苑铮、徐洪波、王艺蕾、任妮莎、朴根等学生上过专业课。

中央民族大学原来叫民院，开办于1941年，新中国成立后的第一任院长是乌兰夫。1978年，民院被国家批准为重点大学，新开了很多专业。原先民院是一所文科大学，从那时起开始向综合大学发展。

我在民院的第一位学生是张强，他入学时是学小提琴的，当年考试演奏的是贝多芬D大调协奏曲。张强学音乐应该是受了他哥哥张提的影响。

叶琳琳在我家上课

记得有一年，我们团去山西太原演出《红色娘子军》，晚上演出结束后，有个陌生的中年男人领着一个男孩子到了我们住的宾馆，很客气、很诚恳地请我们听一听他拉琴，那个男孩子就是张提。

此后，张提到我们团乐队副首席张云璋门下学习，技术提高很快，在中芭礼堂开过独奏音乐会，17 岁便考入中央音乐学院，师从林耀基教授。1990 年，张提在莫斯科举行的柴可夫斯基国际小提琴比赛中获奖，成为唯一获奖的华人小提琴家。后来，张提任教于加拿大北约克音乐学院和多伦多音乐学院，2004 年被聘为中央音乐学院教授。

有一个这样的哥哥，张强的小提琴基础很好。中央民族大学开设中提琴专业后，学校安排他改学中提琴，他的调整时间很短，较快地掌握了中提琴的一些演奏技巧，如运弓的速度、力度，左手手指揉弦的幅度，双音的指间距，等等。

张强在我班上学习了 4 年，最初是从舍伏契克的手指练习，24 个大小音阶与琶音三、六、八度的双音起步，拉过的练习曲与随想曲有美国中提琴大师利廉·富克斯的两部作品，匈牙利“现代中提琴之父”佩尔·卢卡奇的高级换把练习曲，以及德国作曲家帕拉什阔、意大利作曲家卡姆帕诺利、俄国作曲家特里安等人谱写的诸多练习曲，毕业的演奏曲目则是帕格尼尼大奏鸣曲。

张强毕业后去了北京歌舞团（现在的北京交响乐团），后来又去加拿大深造。前年，我在北京电视台的一档音乐教学栏目中见到了他，他正在为青少年主讲小提琴演奏。

1995 年，已经改名为中央民族大学的民院，从宁夏招收了一名中提琴学生穆宗顺，他入学后的主课教师是金勇植。金老师是朝鲜族，当时比较年轻，除了在学校上课外，还有一些生意要打理，他忙不过来，就请我帮他代课。

穆宗顺是个听话的学生，每次回课都能达到要求，说明他练琴很刻苦努力。为了让他在乐队中得到锻炼，1996 年中芭去山东淄博开音乐会的时候，我还特意把他带上，让他和我在一个声部中参加演出。

穆宗顺是 1999 年毕业的，那一年我为他安排了一场独奏汇报演奏会，是在中央民族大学 18 楼礼堂举办的。那是中央民族大学音乐系历史上的第一场毕业生独奏音乐会，引起了很大反响。那天他演奏了苏联作曲家肖斯塔科维奇为中提琴创作的唯一一部作品《中提琴与钢琴奏鸣曲》，这同时也是该作品在中国的首演。

穆宗顺

穆宗顺毕业后考入了中芭交响乐团，成了我的同事。他为人踏实，为集体做事任劳任怨，很受大家好评。一晃 15 年过去了，穆宗顺也从一名年轻的演奏员成长为中芭交响乐团的副团长。

来自贵州的何辉，是 1997 年演奏小提琴帕格尼尼 D 大调协奏曲而考入中央民族大学音乐系的，入学后到我班上改学中提琴。当年学校发给他的那把琴音色不好，他就怎么都不喜欢中提琴。我对他说：“这仅仅是一把乐器给你的误导，而不是中提琴本身的问题。”于是我借给他一把好琴，那是我的学生张金春送给我的。何辉演奏起这把琴，立刻为中提琴发出的厚实温暖的音色所折服，也愿意在练习上多下功夫了。

开始的时候，由于沿袭了小提琴的演奏习惯，何辉的速度控制不好，总是偏快，我便着力帮他调整。比如，演奏由小提琴曲移植的格利埃尔的《浪漫曲》、马思聪的《思乡曲》以及帕格尼尼的《随想曲》No.13 等，都应该比小提琴的演奏速度慢一些，才能发挥出中提琴的音色特点。

何辉的毕业音乐会演奏曲目有巴赫—柯达依的《变音体系幻想曲》、帕格尼尼为中提琴创作的《奏鸣曲》以及巴托克的中提琴协奏曲三个乐章等，都是难度极高的乐曲。毕业后，他顺利进入北京交响乐团，现在是北京交响乐团中提琴声部副首席，时常在各种演出中担任中提琴独奏。

何辉在我家上课

何辉跟我的感情很好，学校的寒暑假结束时，他会从贵州家乡带些土特产，专门来看我。我们最近一次见面是在 2012 年，北京交响乐团选购中提琴，请我去参加鉴定。主持鉴定会的是北京交响乐团音乐总监谭利华，鉴定专家有三大交响乐团的中提琴首席：中国国家交响乐团的王建民、中国爱乐乐团的张安祥、北京交响乐团的李辉，还有一位从意大利归国的中央音乐学院的提琴制作大师郑荃教授。

那天，我一到演奏大厅就见到了何辉，原来他是这次鉴定会的演奏者。何辉见到我特别高兴，说："吴老师，您来了就太好了！我正不知道该演奏什么乐曲合适呢。"我对他说："傻小子，今天我们是来挑选乐器，不是听你的演奏会，什么乐曲都无所谓。你稍微注意一下速度，快慢上可以有些变化，发音的力度也要有轻有重。只要把每一把琴的音色都表现出来，把各个把位都拉出好声音就成了。”

那天参选的中提琴一共有 40 把，编成了 1—40 号，何辉在幕后演奏，鉴定专家只闻其声不见其人。我们为 40 把琴分别打了分，初步选出了 6 把琴。然后大幕开启，几位乐团首席也分别即兴演奏了一会儿，最后从中选出了 3 把琴，分别来自意大利、德国和法国，每把琴的成交价大约是 20 万元人民币。

中央民族大学的这些学生是我在大学里教过的最后一批学生，此后我再也没有大规模地在院校兼授中提琴课程了。而距离我在中央民族大学的最后一名学生毕业，也有十来年了。这批孩子后来的去向都还不错，他们中有人去了美国深造，获得硕士学位并留校担任助教；有人在马来西亚的管弦乐团担任中提琴指导教师；有人在中央民族大学、深圳艺术学院、新疆艺术学院、北京交通大学等院校任教；有人在中央芭蕾舞团乐团、北京交响乐团、中国歌剧舞剧院、北京武警文工团、湖南长沙交响乐团、山东青岛交响乐团等乐团担任演奏员。

关英馨（左一）、段茹（左二）、何辉（左三）、穆宗顺（右一）在我家与老薛合影

三位摇滚青年

早先有部电影叫《摇滚青年》，其实那里面讲的不是摇滚乐，而是霹雳舞。

我这里说的三位摇滚青年，曾经都是学中提琴的，而且专业水平都相当不错，但后来都放弃了古典音乐，走上了摇滚的道路。

这三位青年中，有两位是我的学生，有一位我没有教过他，但曾经在一起工作过。

第一位摇滚青年是龙隆，他是我于 20 世纪 80 年代初在中央音乐学院附中兼课时教的学生之一。

龙隆的父亲龙四伦曾是中央乐团的中提琴演奏员，我们相识于 1971 年赴山东的演出中——当时中芭出访欧洲，留在国内的二队演员则去济南演出《红色娘子军》，并请来了中央乐团伴奏。我因为在“文化大革命”中“犯了错误”，像出国演出这种好事自然没份，便随二队一起去了山东，也就结识了中央乐团中提琴声部的演奏员。

当然，龙隆到我的班上学习并不是他的父亲推荐的，而是因为我在中央音乐学院附中兼课的缘故。

龙隆从小在音乐家庭长大，自认为耳朵特好，在学校里的视唱练耳课程的成绩也一直是优秀。

有一次，龙隆到我家上课。他刚演奏完一段乐曲，老薛就从另一个房间匆匆赶过来问：“龙隆，你刚才演奏的是什么啊？”

龙隆回答得很自信：“有错音吗？”

老薛说：“你总说自己的耳朵如何好，可是演奏出来的声音那么难听，这能算耳朵好吗？”接着又补充说，“耳朵好不单是音准，音色也要好才对吧？”

龙隆呆在那儿，半天说不出话来。

这件事不单单是对龙隆的教育，对我也是个启发——对学生的演奏严格要求，才是负责任的好老师。

龙隆从附中毕业后，考入深圳交响乐团，同时考入的还有我的另一位学生李波，她后来回到北京，在中央歌舞团小乐队任职。龙隆在深圳交响乐团工作得很出色，这是中芭指挥卞祖善受邀赴深圳交响乐团演出回来后告诉我的。

龙隆大学毕业后，跟同学一起组建了“鲍家街43号”乐队，并担任乐队的主音吉他手。其间，小央对龙隆的吉他演奏大加赞赏，甚至说他已进入国内顶尖吉他高手行列，这是我没有想到的。

此后，我与龙隆多年不曾联系。有一天打开电视，忽然发现龙隆有模有样地坐在一个音乐选秀节目的评委席上侃侃而谈。原来他已经彻底从一名中提琴手变成了广义的音乐人，他为电影作曲，参加爵士乐演奏，还组建了一个“十三月”唱片公司。

第二位摇滚青年是侯都都。他是四川人，很聪明，从中央音乐学院附中二年级起，就在我的班上学习中提琴。

侯都都

记得我教侯都都的第一年，期末考试在附中小礼堂举行，我坐在最后一排。快到侯都都演奏时，进来了五六个女孩子。她们不认识我这个兼课教师，在我身边挤成一堆，嘴里还嚷嚷着："快点，该轮到都都了。"原来她们是专门进来听侯都都演奏的。那天侯都都的考试曲目是汉多什金C大调协奏曲第一乐章，其中的华彩乐段演奏得很出色，不仅同学们小声叫好，就连坐在评委席上的老师们也流露出赞许的目光。

侯都都人缘好，不仅是因为琴拉得好——

侯都都从小就喜欢踢球，曾是成都少年足球队的队长。读附中的时候，就"混入"校队，跟比自己大好几岁的师哥们一起参加高校足球赛。

侯都都的师弟蔡智渊是我在附中教的学生之一，他来自浙江杭州，比侯都都低一届。可能是从小"两耳不闻窗外事，一心只顾拉提琴"的缘故，他的生活自理能力很差，连独自坐公共汽车都让家人担心。于是，每次蔡智渊来我家上课时，侯都都就把他送到我家楼下，自己再坐车回学校。下课之后，再由我把蔡智渊送到永安路汽车站，看着他坐上15路车。

侯都都读附中二年级的时候，推车送一位晚上突发急病的同学到附近的医院看急诊，在路上不小心碰倒了一位老大爷，赔了人家10元钱。本来侯都都是做好事，却要自己赔钱，况且当时一个学生拿出来10元钱并不容易，我觉得应当帮助他。当时正好中芭交响乐团排练音乐会，从中央音乐学院借调了几位年轻教师，我就请一位叫佟卫东的老师带给侯都都20元钱。

我与学生蔡智渊

侯都都是个内向的孩子，一直也没有在我面前说过一个谢字。到侯都都大学毕业的那一年，他们附中班上我教的四位学生（侯都都、马劲松、王鹏、戴军）请我和老薛吃饭。席间，侯都都说起了发生在附中二年级时的这件事。原来过去那么多年了，他还一直记在心里。

侯都都和马劲松毕业后，进入中芭中提琴声部工作，成了我的同事。我担任乐团领导后，事务性工作越来越多，中提琴声部的管理就有些忙不过来了，于是我请侯都都出任中提琴首席。他对工作非常认真负责，《吉赛尔》《葛蓓莉亚》等舞剧中的中提琴独奏也都出色地完成了，成为乐队中一名称职的声部长。

侯都都在学校时就喜欢摇滚乐，和同学一起组建过“边缘”乐队。这支乐队就是后来著名的“实话实说”乐队的前身。2003年，侯都都离开了中芭交响乐团，投身到他所热爱的新音乐中。这十多年来，他做了很多事——成立了国内首支“气氛乐队”、为电影作曲、去各地收集原生态民歌。据说，他现在已经完成了全国56个民族的民歌现场录制，即将交由数字音乐博物馆做永久留存。这是一件非常有意义的工作。

第三位摇滚青年是汪峰。

1995 年秋天，有几位中央音乐学院的毕业生来中芭参加招聘考试，汪峰就是其中一位中提琴主科学生。汪峰的演奏很好，我知道他以前是学小提琴的，1991 年刚入大学就获得过全国小提琴比赛第二名。记得当时我的考试题是试奏芭蕾舞剧《红色娘子军》第六场“慌乱的南府”中的十六分音符乐段，这一乐段对速度有要求，汪峰在一把位也演奏得十分流畅。就这样，汪峰被正式录用为中芭交响乐团的演奏员。

我、老薛与侯都都、马劲松、王鹏、戴军的聚餐合影（1996 年）

然而，汪峰来中芭应聘只是走一个过场，那时他的内心应该已经决定今生要走另外一条音乐之路了。

汪峰家住海军大院，按说离中芭不算远，可是他上班排练总是迟到，而且正式演出时也很是随意，心不在焉。有一次在乐池里，我看见指挥李心草用手指向我后面的汪峰，意思是让他认真起来。之后心草对我说：“吴老师，你不知道，汪峰在演出时，把琴夹在胳膊上当吉他弹呢！”

由于汪峰在乐队里的表现实在有些出格，当时的乐队队长王象荣便召集首席与各声部长、指挥开会，商量对汪峰的处理意见，最后决定予以辞退。

当这个决定通知到汪峰家里时，汪峰的母亲给我打来电话，恳求给汪峰一次机会。电话里汪峰的母亲是哭着讲的，我心里也很同情。我知道一个学音乐的孩子有多么不容易，这么多年吃了多少苦……想到这些，我在电话这边也流下了眼泪。

事实上，我并不同意辞退汪峰，在那次的声部长会议上，我就是这样表态的。当时和我意见一致的还有乐队指挥卞祖善和乐队首席郑凯林，我们都认为对年轻人应该以批评教育为主。然而，对于领导的决定，我们是无能为力的。

其实，面对这样的处理，汪峰倒是不以为意。我想，他应该是早有打算，对在乐队里当一名演奏员并不留恋。

一年之后，中芭与中央歌剧院合并，两支乐队也合为一个交响乐团，由我担任副团长。我便给汪峰打电话，欢迎他回中芭工作。我对他说："我是希望你能回来担任中提琴首席的，所以这一决定请你认真考虑，三天之后给我答复吧。"汪峰回答说："谢谢吴老师，您的心意我领了。可是，我现在做的工作是我喜欢的，我干得很愉快，真的不想回去了。谢谢您。"这也是我与汪峰的最后一次通话。

如今，汪峰已成为颇具影响力的歌手、音乐人，自己选择的路走得很顺畅，我真心地祝福他一帆风顺。

龙隆、侯都都、汪峰，曾经都是科班出身的中提琴手，而且水平相当高。他们从很小就开始学琴，在专业领域里花费了巨大的心血，也取得过不错的成绩，但现在都有了自己新的发展方向。

交响乐队里少了三位优秀的中提琴演奏员，这是件挺可惜的事情。

但从更广阔的视角来看，中国的音乐界多了三位有个性、有创造力的音乐人，这是好事。

刘　勇

刘勇是山东济南人，20 世纪 70 年代末来我班上学琴。至于我们是怎么认识的，我现在已经记不清了。最开始的时候刘勇是拉小提琴的，我问他有什么打算，他简单地说想到北京工作。其实那时候，他已经是济南市歌舞团小乐队的小提琴首席了，但我对他说，不妨改学中提琴，这样进京工作的机会可能更多一些。他听了我的建议，就改学中提琴了。

刘勇长着小眼睛、厚嘴唇，戴着一副沉重的黑边眼镜，有着山东人淳朴厚道的性格。那时候，他每周都从济南来北京上课，在中芭住一晚上，第二天再返回济南。刘勇喜欢喝酒，我们总要在课后对饮几杯。有一回，他从济南带来一箱趵突泉啤酒，那是济南当地有名的特产，的确比北京的燕京啤酒好喝。

改学中提琴后，刘勇不愿意再回到济南市歌舞团，就去了山东艺术学院，在资料室工作。几年以后，我到解放军艺术学院兼授中提琴主课时，推荐他到军艺乐队里当了一名演奏员，与曹祝利、李永军、陈阿光等成了同事。

那段时间，我在中芭给刘勇找了间分部室暂住，吃饭就常在我家。老薛喜欢那种收拾得干净整齐，做事利索，言语风趣的聪明学生，而刘勇显然不属于这类人。他吃饭很慢，常常大家都吃完了等着他一个人；有时像孩子一样，吃得衣服前襟上汤水一片；吃完饭要求去洗碗，偶尔还会打碎几个盘子。每到这种时候，我看老薛有点儿不高兴，就赶紧劝她："刘勇这孩子不是一般人啊，他不太会说话，但是感情深沉，将来能成大器。"

孔夫子说过"有教无类"，我虽然没有圣人那么高的境界，但是从年轻时候开始，我就想为喜欢音乐的孩子提供一点儿机会，这个念头一直没有变过。每个人的性格不同，长处也不同，作为老师，应该多多调动学生的积极性，让他们充满自信，把最好的一面发挥出来。

刘勇参加工作比较早，又在乐队担任首席，总觉得自己技巧不错，想让我给他多留一些高难度的曲子来演奏。而我认为对于一个有着上升空间的乐手来说，打好扎实的基础是最重要的。有一次，我们喝着酒聊天，他又说起留课的事，我就批评了他，结果把他说哭了。一个山东大汉在酒桌上泪流满面，弄得我心里也挺不是滋味的。那次他离开北京的时候，给我留了一封信，表示老师说得对，他会更加认真地把基础打好。

刘勇练琴特别刻苦，每天除了吃饭睡觉就是练琴，老大不小了也没有女朋友。住在中芭的时候，他会在五楼的礼堂过道里拉琴。北京的夏天很闷热，虽然过道里有穿堂风，但是像他这么一天练下来，背心也都湿透了。

这样的苦练终于有了收获，在 20 世纪 80 年代初的两届中提琴演奏会上，刘勇完美地展现了他的技艺。1981 年的第一届中提琴演奏会上，他演奏了欣德米特的协奏曲《天鹅舞》。1982 年的第二届中提琴演奏会上，他演奏了帕格尼尼随想曲的第四首，这首曲子有很多上行十度双音，以及其他用小提琴演奏都令人颇感吃力的高难度技巧，他却能用把位更大的中提琴来演绎，体现了他强大的自信心和演奏技巧。

刘勇与我相识十余年，我们的感情超越了单纯的师生之谊，他与小中也是好朋友。小中读中学的时候，刘勇带他夜里爬泰山看日出；小中大学毕业后，到了单位年少轻狂，刘勇与他交流，告之与人相处之道，兄长般的一片诚意可鉴。

20 世纪 90 年代初，刘勇去了美国圣地亚哥国际青年交响乐团。乐团指挥是一位匈牙利音乐家，对刘勇在乐队里的表现不太满意，主要是觉得他有些迟钝，缺乏一个职业乐手应有的综合素养。于是，乐团指挥请刘勇为自己单独演奏一次，看看有没有方法可以让他提高。结果，刘勇那一次的演奏完全令乐团指挥折服了，他后来向全乐队的演奏员介绍说："这位来自中国的年轻人，不是一名中提琴手，而是一位中提琴家。"

我的学生们。左起依次是宋丹秋、曾雪萍、刘勇、陈清

究竟是什么让乐团指挥前后的判断如此天差地别呢？

其实道理很简单，国内学音乐的孩子一贯讲究勤学苦练，所以大多有很好的基本功，在个人演奏技巧方面达到了相当的水平，但他们的通病是缺乏乐队合奏训练，往往不太注意乐谱上标注的弓指法要求，也不习惯关照与其他声部的关系，甚至对指挥的手势都视若无睹，这就不能算作合格的乐队演奏员了。

刘勇虽然在济南市歌舞团

刘勇的独奏音乐会现场

和军艺乐队拉过琴，但他那时接触的小作品比较多，缺乏在大乐队中演奏交响乐的经验。因此，我们后来在编著中央音乐学院海内外业余考级教程时，特别在 5 级以上至演奏文凭级的教程内容里加上了交响乐片段的课程训练，以提高业余爱好者在管弦乐队中的演奏能力。

后来，圣地亚哥国际青年交响乐团解散了。刘勇那时已经结婚，肩负着养家糊口的责任，而在国外，学音乐的人不太容易找到工作。他思来想去，就继承了家学，做了一名执业中医师，为患者针灸按摩、把脉开方，忙得不亦乐乎。悬壶济世之余，偶尔拉拉琴，也属怡情之举了。

在我看来，一名优秀的中提琴演奏员放弃自己几十年的辛苦努力，略为可惜，但人生在世，能够随遇而安是上天的安排，亦是通达智慧。每次刘勇回国都必来看我，把酒言欢，回忆往事，不胜唏嘘。岁月如白驹过隙，而音乐贯穿了我们的生命。

宋丹秋

宋丹秋是在读中学时到我班上学习中提琴的。他的父亲宋建伟原来是铁路文工团乐队的中提琴演奏员，“文化大革命”期间被调到中芭，和我在一个声部工作。丹秋刚开始跟我学琴时，基础比较差，小提琴练习曲只能演奏《开塞》。那时正是 20 世纪 70 年代，学生一批批地上山下乡，去广阔天地接受贫下中农再教育，老宋的想法很明确，打算让儿子学个一技之长，免受干农活之苦。

我与宋丹秋（右一）、王燕鸿（右二）在一起（1978 年）

丹秋的中提琴初级练习曲是从汉思西特开始的，继而是霍夫曼，之后是帕拉什阔，最后接触到美国中提琴演奏家、教育家利廉·富克斯的音乐会练习曲。丹秋在演奏上并不具有特别高的天分，但是很踏实，一步一步地走上来，最终考入专业团体——中央新影乐团（后来改名为中国电影乐团），圆了自己的音乐梦想。

当时老薛也在新影乐团工作，她对我说，丹秋是个懂事的好孩子，对师母特别关照，每次演出都帮她拿琴、搬椅子。丹秋一直都很擅长与人相处，能够让别人对他建立起信任感，用现在的话说就是“情商高”。当时全国文艺团体盛行“走穴”风，新影乐团有王洁实、谢丽斯、关贵敏等当年深受欢迎的歌星，于是也组织了几支小乐队去外地巡回演出。丹秋负责乐队的外联工作，每次都能将演出日程、后勤接待等事宜安排得妥妥帖帖。

20 世纪 80 年代，国内刮起了出国风潮，我班上先后有 8 名学生去美国深造，丹秋也跃跃欲试。那时候，丹秋对自己的演奏水平不大有信心，据说他寄去的录音带是请我的另一名学生王玫玫替他拉的，当时演奏的曲目是斯坦米兹《D 大调协奏曲》。接下来，他花了很多时间苦练这首曲子，为的是到学校面试的时候不至于穿帮，这都是后来我才知道的。

在那个时候，出国是一件别人羡慕、自己忐忑的事情，因为谁也不知道大洋彼岸会有什么样的未来在等待自己。大家都在做各种各样的准备，丹秋的妻子还特意去报了个班，学习刻萝卜花什么的，因为听说会这门手艺容易在美国找到工作。

从圣地亚哥国际音乐学院拿到硕士文凭后，丹秋和妻子去了拉斯维加斯。在那里，丹秋一如既往地再续自己的好人缘，据说他家就像中国学生赌城接待站似的，最多的时候家里睡着七八位国内去的留学生。没办法，大家都想去赌城看看，但身为学生都比较穷，只好麻烦丹秋帮忙，而他总是乐呵呵地招待那些朋友。

发现美国不好找工作后，丹秋跟妻子转去加拿大发展。后来说起这一段，丹秋很为自己当年的勇气感慨，毕竟夫妻俩那时已是快 40 岁的人了，几乎是身无分文，只是拎着 4 个箱子，就从一个陌生的国度去了另一个陌生的国度。而在加拿大，幸运之神向丹秋夫妻俩敞开了大门，他们得遇贵人相助，进入一家公司工作，生活有了转机。20 世纪 90 年代后期，丹秋被公司派回国内工作，这时候他已经不拉琴了。

早年间，中芭的宿舍紧张，小中曾跟丹秋同住过乐队的分部室。那时候他们的年龄差异比较明显，还说不到一块去。等到 20 世纪 90 年代，两人就开始有话聊了。我知道他们经常见面、一起吃饭，很多丹秋的消息还是小中回家来告诉我的。比方说，丹秋被派回国内之前，他的妻子起初是不同意的——都说国内是花花世界，把他一个人放回来怎么能够放心？于是公司老板就找丹秋妻子谈话，说："宋先生的工资，我们都会打到您的卡上，他在那边只有一点饭补。您放心，他是难以兴风作浪的。"

我与学生的聚餐留影。从左至右：宋丹秋、魏燕萍、卜大炜、张金春、老薛、我、江川、缪宇凡、小中

丹秋还劝小中信基督教。按他的话说，基督好啊，仁慈宽厚，他可以原谅你犯的所有错误，唯一不能原谅的就是你不信他。你如果信了基督，不论白天做了什么错事，晚上只要在主的面前一祷告，主就原谅你了，就把所有的罪责都替你承担了。我听了哑然失笑。

这些年，我们联系很少了，但偶尔也会接到他从遥远的北美洲打来的电话。我知道他生活得很好，开了一家旅游公司，在美国洛杉矶也买了房子，孩子也读大学了。

2007 年春天，老薛因病去世了，不知远在加拿大的丹秋怎么得到的消息，在追悼会那天，他还特意托朋友送来一笔钱。

2008 年，在我 70 岁生日之前，意外地收到丹秋寄来的一封信，信中是这样说的：

这是第一次给您写信，但是我从来都没有忘记您。我经常想起您给我们这些学生上课的情景。在那个物质贫乏的年代，您不收我们一分学费，为了帮我们这些学生找到工作，您无私地奉献着自己的时间和精力。您教我们学琴，教我们做人，不求任何回报。

我学琴比较晚，基础差，每次给我上课，不管我做得有多差，您从来不给我难堪，总是鼓励我，增强我的信心。您帮我联系工作、联系出国留学，使我的人生有了很大的转变，所有这一切我永生难忘。

……

时光飞逝，转眼之间我们这些学生也都老大不小了，而您已是桃李满天下，安享晚年了。我特别想请您今年夏天来温哥华一游，这里的夏天非常舒适，我可以陪您多转转。我会把机票寄给您，请一定认真考虑我诚挚的邀请……

张金春和他的中提琴独奏音乐会

张金春生于 1955 年，原本是一名工厂工人，但非常爱好音乐。1977 年，张金春考入北京舞蹈学院乐队学员班之后，在我这儿学习中提琴。

1979 年，张金春在学员班毕业考试时演奏了乐曲《草原上》，得到评委老师们的一致赞扬。考试结束后，作为评委的著名小提琴家盛中国对我说："你这位学生演奏得很有意境，曲目选择得也好，我很喜欢。你能把这首乐曲的谱子送给我一份吗？我想用小提琴演奏它。"

张金春

《草原上》原本是一首二胡独奏曲，由二胡演奏家刘明源先生创作。在我读大学的时候，我和关庆武把它移植改编成了中提琴曲，加上了双音等一些提琴技巧。盛中国喜欢这首曲子，我固然很高兴，但是它确实不适合小提琴演奏，于是我说："小提琴是炫技乐器，这首曲子没什么技巧可言。而且，小提琴的音色出不来中提琴的味道，我看你老兄还是免了吧。”

张金春是个用功的学生，在学业上进步很快。1977 年至 1981 年，他是北京舞蹈学院乐队的中提琴首席，在《吉赛尔》等舞剧中担任独奏。1981 年，歌唱家李谷一组建了中国轻音乐团，他在这支乐队里领衔中提琴声部 4 年。后来，他考入了中央歌剧院交响乐团，经常在北京、长沙等地的音乐会上做独奏演出。

我、老薛与盛中国及其夫人钢琴家赖田裕合影（1992 年）

2002 年，在中国爱乐乐团的协奏下，张金春录制了我国首张中提琴独奏专辑，并获得了 2004 年全国金唱片奖提名。录那张专辑的全部费用都是由张金春自己解决的，当时用了差不多 10 万元。我的另一位学生——中国爱乐乐团中提琴首席张安祥，曾在排练的时候心生感慨，对同一声部的中提琴手们说：“这位张金春，是我师哥。要从技巧上说，咱们这些人谁录这么一张唱片也都不在话下，可是咱们谁真能自己掏钱这么干？你们谁能？反正我不能。”

值得一提的是，张金春不仅从小就喜欢拉提琴，还喜欢收藏、研究提琴，而且这一爱好始终伴随着他。他收藏了几十把世界各地制琴师的作品，对它们的历史、风格、工艺如数家珍，其中不乏百万名琴。他还曾以文化部专家的身份参与乐器产业的鉴定考察工作，并与人合作开设了一个小制琴作坊，我班上好几位学生都在使用这个作坊制作的小提琴。目前，他是意大利克雷蒙纳当代制琴师联盟的中国代表。

2012 年春末，张金春筹办了中国平安之夜“天籁之音”中提琴独奏音乐会，并邀请我担任音乐会的艺术指导。这是国内首场中提琴专场音乐会，算是中提琴界的一件大事。

下面是我在音乐会那几天所写下的简单日记。

2012 年 5 月 27 日 星期日

今天下午三时，张金春开车来接我一同去天津，为了明后两天与天津交响乐团合作排演他的独奏音乐会。我很高兴能与他同往，一是我在排练场，他可能心里踏实些；二是足有十年，我没有好好听过他拉琴了，也很想现场听听他的演奏。一路上我们一直在聊天，对这些年相互的一些情况有了更多的了解。

张金春特别提到，当年他去天桥剧场看了一场中芭演出的《吉赛尔》，第一次听到中提琴独奏就被吸引住了，觉得这个乐器的音色真是美极了，于是产生了改学中提琴的念头。

晚六时，我们入住天津科技大厦，环境尚好，整洁舒适。

2012 年 5 月 28 日 星期一

上午到天津交响乐团合伴奏，见到肖团长、刘主任、指挥易娟子、乐队首席及中提琴首席。

中提琴首席潘音是天津音乐学院的毕业生，读附中时曾在许蕴卿班上学习，大学时则师从李继初教授。

天津交响乐团的首席李琰是内蒙古人，今年49岁，曾在北京待过一段时间，他的小提琴演奏得很有气势。在他北漂期间，我们曾一起参加一些唱片的录制，如刘欢演唱的歌曲等。这回在天交见面，我们还聊起当时一起录过音的梁大南、曹欢、张安祥、张建利等人。

“天籁之音”中提琴独奏音乐会现场

在排练中我注意到，天交的演奏员大多是年轻人，还需要经过一段时间的磨合才行。尤其是铜管声部，应当适当控制音量才好。他们的单簧管不错，特别是芭蕾舞剧《吉赛尔》的独奏乐句，吹奏得很有意境，音色、音量都恰如其分。

2012年5月29日 星期二

今天是第二次与交响乐队合奏，比昨天有起色，张金春的全部八首独奏曲也拉得很好。他们请我讲话，我只讲了两句：一是这两天的排练大家辛苦了；二是作为金春的老师，我很感谢大家，希望这次合作愉快，音乐会圆满成功，谢谢大家。

让我特别高兴的是，午餐的时候见到了卜大炜。这是我40年前的学生，他很勤奋刻苦，先后在北京京剧团、中央歌剧院交响乐团工作，现在是国家一级演奏员、国家交响乐团团长助理、音乐评论人。

张金春正在演奏中提琴

卜大炜的文化功底好，中英文都很出色，这次是专程前来为张金春撰写乐评文章的。

下午三时，发车前往河北沧州。一路上，我们三人交谈的内容都是数十年来学琴的诸多往事。这两位学生能有今天的成就，我真为他们高兴。

当晚入住沧州迎宾馆，这是市政府的接待处所，总经理由沧州市政府接待处处长满德福兼任。此人彬彬有礼，给我留下了很好的印象。

2012 年 5 月 30 日 星期三

早餐过后，金春接到组委会电话，请我们换个地方住，新住所离演出的大剧院很近，只有 200 米。我们即刻出发，前往这家五星级的金狮国际酒店。

下午到沧州大剧院走台，我以为合一两首就可以了，可天津交响乐团的指挥易娟子执意从头到尾过一遍，说这样她在晚间的演出才能心中有底。可是这样金春就太累了，等于一天要拉两场音乐会。

大剧院很漂亮，恢宏气派。在观众席的第一排已经摆好了嘉宾的桌签，没想到我的名字在最中间，真不好意思坐在那儿。我想，这也是出于沧州市领导对文化艺术重视之故吧。

晚上正式演出时，金春的演奏很成功，观众不时报以热烈的掌声。在他演奏第二首乐曲《美丽的草原我的家》时，我已然悄悄流下了眼泪。在目前严肃音乐不景气的时候，金春以近花甲的年龄，耗费无数心血，举办了国内首场中提琴独奏音乐会，这是多么不容易的事情啊！

实事求是地说，金春并不是我班上最优秀的学生，可他却成为难能可贵的中提琴演奏家，这靠的是他不懈的努力。金春早年是工厂的一名普通工人，今天能一步步地走到音乐圣殿的聚光灯下，是上天给予他多年勤奋的最好报偿。

我正在接受中央电视台《周末音乐》栏目采访

中央电视台文艺部《周末音乐》栏目派出了摄制组，对音乐会进行了全程拍摄，演出结束后还采访了我。各种祝贺、合影、献花……场面壮观，热闹非凡。

这场音乐会也给了我启发，我建议金春近期回北京再开一场音乐会，在下半场加演中提琴名曲《哈罗尔德在意大利》，也算是给中提琴生涯画上一个完满的句号。

2012 年 5 月 31 日 星期四

早餐后，我谢绝了沧州市政府安排的参观“千年铁狮子”和观看武术杂技表演等活动，赶回了北京。主要是有学生等着我上课呢！

归途中，我再一次建议金春趁热打铁，及早在北京安排一场音乐会。

关于张金春的这场中提琴独奏音乐会，卜大炜专门撰写了两篇乐评——在 2012 年 6 月 6 日出版的、白宙伟主编的第 22 期《音乐周报》上刊发的《中提琴宣言——听张金春中提琴音乐会》；在《中国艺术时空》第 6 期上刊发的《别样的中提琴》。

三位来自社会的学生

近半个世纪以来，我教过的学生基本可以分为两大类：一类是早年从社会上经由亲朋好友介绍来学琴的，他们有自己的职业，如工人、售货员等，学琴是业余爱好；另一类是1978年恢复高考之后，我在专业音乐院校兼课时教的在校生。在我的整个教学生涯中，慢慢地，后者越来越多，逐渐成为我学生当中的主体。

这里我要说的三位学生，属于第一类。对这一类来自社会的学生来说，在我这里的学习经历，就算是他们的专业学历了。其中一些孩子在出国深造的时候，我将他们在我这里学习的过程以及演奏过的曲目附上，签上我的名字，就是一纸同等学力证明。

李晶早年是解放军总政歌舞团的中提琴手，跟他一个声部的苏越当时在我班上学琴。苏越的父亲苏坚培是中芭的单簧管演奏员，跟我是同事，还一起到中央音乐学院附中兼课。苏越后来成了名人，写了《黄土高坡》《血染的风采》等歌曲，近年还卷入了一场官司，这是后话了。当年苏越来我这里上课，李晶也跟着来了。

1986年，中芭乐队招人，李晶想来报考。闻知这一消息，李晶的妈妈特意来到我家，希望我劝说李晶留在总政歌舞团。在母亲的心中，大概还

我身后站立者为李晶

是觉得部队的文艺团体更稳定吧。可是李晶不这么看，他坚持要来中芭。记得考试的时候，我为他安排演奏的曲目有罗拉《音乐会练习曲》和《勃洛克希伯来组曲》，当时的评委有乐队的指挥、首席和中提琴声部全体成员，大家对他的演奏都很满意，于是李晶被录取了，成了我的同事。

20 世纪 80 年代，文化部下发了一个改革方案，要求对部属文艺单位的演奏员全部进行重新考核。当时弦乐组的评审委员会主任是李德伦先生，中芭弦乐声部的三位首席（郑凯林、孙宝琪和我）均位列评委，此外，评委中还有中央乐团首席刘云志、大提琴家蒋立行、中提琴家岑元鼎等。这次考核是相当严肃认真的，而评审结果也出乎很多人的意料——中提琴演奏员中得分最高的是中央音乐学院的应届毕业生苏贞，后来他去了英国伦敦交响乐团，而第二名就是李晶。

考评结束后，中央歌剧院交响乐团当即发出邀请，聘请李晶担任中提琴首席。不久，他又考入国家交响乐团。这也是我的建议，我觉得他到国家交响乐团虽然不能坐首席位置，但能有机会广泛地接触交响乐作品、与外国指挥家合作演出音乐会，更能提高演奏水平。

张育斌来我班上学琴是他父亲推荐的，那是一位老革命，原来任中国

张育斌

歌剧舞剧院乐队队长，后来调到中芭工作，在中提琴声部担任演奏员。而且，我们住在一个单元里，是楼上楼下的邻居。

张育斌后来考入中国歌剧舞剧院乐队，这个乐队里前后一共有我的 5 名学生。实事求是地说，张育斌在我班上并不属于出类拔萃的学生，但他上课认真，练琴也很勤奋，几年下来，进步很显著，一度成为乐队的中提琴首席。但是，后来的一件事让他失去了首席资格。

事情是这样的。有一年，我们接受了在人民大会堂为领导人演出的政治任务，当时中芭乐队的人手不够，我就从其他音乐团体借人来帮忙，张育斌也在其中。不巧的是，演出当天，张育斌所在的中国歌剧舞剧院也有任务，他权衡了一下，还是在中芭这边参加了演出。那天晚上，恰好他们院里的一位作曲家来看演出，发现他出现在中芭的乐队阵容里，回去就报告了领导。这件事在当时属于很严重的违纪，于是他的首席就被撤了。

张育斌学琴比较晚，也没有在专业院校里进行过系统学习，音乐理论基础知识比较薄弱。前不久，他打电话来问我音阶是不是一共有 29 个大小调。这个问题让我有些奇怪，因为这属于十分初等的乐理。我告诉他，不算和声音阶和旋律音阶，自然音阶的大小调一共是 24 个，大调 12 个，小调 12 个，怎么会有 29 个大小调呢？

这件事也使我反思，我这位老师平时把着眼点全部放在了学生的中提琴专业上，并没有督促他们加强理论学习，是不是也有不称职的地方？我这么想是有原因的，因为张育斌现在自己已经在教学方面取得了一定的成绩，他教的学生悦悦去年参加北京市少儿小提琴比赛，荣获了冠军呢。

王燕鸿是在 20 世纪 70 年代经由我的朋友缪建行介绍来我这里上课的，他的父亲也是从事民乐演奏的，跟小缪比较熟。

王燕鸿不算机灵，不是那种一点就通的孩子，跟他说些要求，也不能很快理解。说实话，我家老薛一辈子就喜欢聪明孩子，伶牙俐齿、眼珠滴溜转的那种，所以在“老学生”中，江川是最受她喜欢的，处得跟家里人一样。王燕鸿这样的学生来上课，老薛就是淡淡地打个招呼，没得聊。

王燕鸿高中毕业后，到北京饭店当了一名服务员。在一般人看来，这是相当好的工作了，但他还是喜欢音乐，坚持每周来我家上课，平时下了班就赶回家练琴。他的理想就是穿上黑色的演出服在舞台上拉琴，而不是在五星级酒店大堂帮客人拿行李。

说实话，以王燕鸿的资质，想从事专业演奏员的工作还是有很大难度的，不过他的内向性格却能够让他沉下来刻苦练习。在早期，我给他布置的作业中基础课程较多，如音阶练习曲、舍伏契克、帕拉什阔、克莱策、台里安等。4 年后，他已经能够演奏弗尔赛特、切利捷尔、布宁等协奏曲了。

20 世纪 80 年代，王燕鸿考入天津音乐学院，师从李继初教授，每到假期，他还是到我这儿上课。大学毕业后，他进入中国电影乐团，终于实现了自己少年时的梦想。

2013 年，王燕鸿和爱人领着他们的女儿来看我，顺便请我给孩子上一堂课。他的女儿一直跟他学中提琴，希望能够在高考中得到优待（那时的特长生可以获得 50 分的加分）。当时我在清华大学任特长生评委，知道清华的要求极严，评委打分在90分以上方能获得特长生资格，但85分以上也可颁发一级演奏文凭，在其他学校都可以被认可为特长生资质。在给他的女儿上课的时候，我感觉他对女儿的要求不是很严格，女儿的演奏水平比较一般，在特长生考试中不一定能够得到高分，这一点我也委婉地向他提出来了。

王燕鸿

对于王燕鸿来说，2014年是个好年份——已经是中国广播电影交响乐团团长兼中提琴副首席的他，编写的《中提琴基础教程》由中央音乐学院出版社出版发行了，而且他的女儿也顺利考入了北京邮电大学。这两件事都是值得高兴的。

两位记名学生

在我 50 多年的教学生涯中，有几位学生在我这里简单地上过一两次课，算是记名学生吧。

第一位记名学生是上海姑娘肖琦。她原来是解放军海政文工团的中提琴演奏员，到北京后，曾跟隋克强教授学琴。20 世纪 80 年代，我在解放军艺术学院教过的魏燕萍毕业后去了海政，与肖琦做了同事。我们举办中提琴演奏会的时候，肖琦也来听了，之后就请魏燕萍捎话，表示想来我班上学琴，我答应了。

肖琦第一次上课时演奏的曲子是什么我已经记不清了，毕竟 30 来年过去了，但我的印象是这孩子基础不错，有一定的潜质。上完课后，她拿出 10 元钱给我，表示是课时费，我笑了笑没有收。那次课上我给她布置了作业——中级练习曲和一首中国乐曲。她没有中提琴教材，我就把当时我编写的第二册中提琴练习曲交给她，让她照谱好好练习。那本教材当时还未出版，我借她的是我的手写本原稿。没有想到的是，肖琦从此竟然杳无音信了，我们再也没有联系。时间久了，我便渐渐淡忘了这位只上过一次课的学生。

到了 20 世纪末，某天我接到国家教委的电话，请我去清华大学担任艺术特长生专业考试的评委。初期担任这一工作的还有小提琴专业的赵惟俭老师和大提琴专业的陈园老师，我们三人负责四种弦乐器的考评。此后，我又四次担任了清华大学艺考的评委，让我没有想到的是，这期间居然两次遇到了肖琦的学生。

那两位学生演奏的作品都是难度很高的《帕格尼尼奏鸣曲》，而且具有一定水平，成绩都不错，我打出的分数都在90分上下。当时我并不知道她们是肖琦的学生，事后肖琦打来电话表示感谢，还说要来看我。我说大家都忙，算了吧。后来，肖琦给我寄来一封短信，信中是这样说的：

亲爱的吴老师：

您好。肖琦在这儿对吴老师表示深深的抱歉。时光飞逝，转眼过去27年，在我心中，您一直是我的好老师。感谢您对我的帮助，等您有时间我去看望您。

祝您一切都好！

身体健康快乐！

您的学生：肖琦

2011年元月14日

（我的电话：6697××××，手机：151××××××××）

肖琦教过的一个女孩华宁婧，曾在我班上学习过三年，高中时担任北京八中乐团中提琴首席。她在高考前去肖琦那里上过课，进步明显，以优异的成绩考入北京大学，艺术特长加分竟达65分之多！高考结束后的假期，华宁婧又到我这里上过一次课，演奏的是巴托克协奏曲第一乐章，这部作品是中提琴领域里很高端的曲目。

华宁婧的父亲华明达先生2008年出访俄国时，给我带回一本音乐教育家丛书，作者是E. 斯托克丽兹卡娅，写的是她的老师瓦吉姆·瓦西里耶维奇·鲍里索夫斯基的中提琴教育学。我前后用了两年时间将这本书译成了中文，但人民音乐出版社并未采用出版。但我想，这本书对中提琴演奏与教学的研究应该是有些益处的。

第二位记名学生李辉，是个小帅哥，而且是中央音乐学院中提琴专业的高才生，在校时师从隋克强教授，毕业后到北京交响乐团担任中提琴首席。20世纪90年代中期的一天，他到我这里上课，谈起了他有去国家交响乐团的想法。我记得当时他演奏的是帕格尼尼为中提琴所作的奏鸣曲。

在这里顺便说一说，作为小提琴演奏家的帕格尼尼同时也是著名的作曲家，他为小提琴所写的两部旷世名作《24首随想曲》和《D大调协奏曲》被小提琴手奉为经典。他能够为中提琴创作一部奏鸣曲，是非常难能可贵的。写这部中提琴作品的背景是这样的，当时帕格尼尼得到了一把大型号的中提琴，他希望把这件乐器的演奏艺术提高到一个新高度，并为此做了很多努力，包括出资两万法郎，请法国浪漫派作曲家柏辽兹为大型号的中提琴创作一首标题音乐作品，这就

我与李辉在香港机场（20世纪90年代）

是《哈罗尔德在意大利》。

当帕格尼尼拿到乐谱时，感觉中提琴在这部作品里只是相当于交响乐中的助奏，并没有突出它的演奏技巧，于是他便放弃演奏《哈罗尔德在意大利》，自己又另外写了一部中提琴奏鸣曲。而此后的某一天，帕格尼尼听到一位比利时提琴家演奏《哈罗尔德在意大利》，才认识到其实那是一部在中提琴领域中极有价值的巨作，并深深为之感动。当然，这是后话了。

李辉当时想去国家交响乐团谋求发展，我并不支持他，我认为北京交响乐团的声部首席是一个比较适合他的位置。李辉听从了我的意见，打消了去国家交响乐团的想法，而他也一直领衔北京交响乐团中提琴声部直到今天。

当年演奏员评定职称时，要求申报一级演奏员的乐手写一篇论文，这对平时重视练琴而不太涉足理论的年轻人来说是个难事。我建议李辉去翻翻我翻译的那本《中提琴艺术史》，没准能有点启发，后来他果然顺利地被评为国家一级演奏员。

这十年教过的孩子

1999 年，我年满 60 岁，本该退休了，但又被团里返聘了 5 年，因而我正式离开中央芭蕾舞团乐队是在 2004 年，到 2014 年就整整 10 个年头了。

退休以后，我除了在网上下下棋，跟老朋友们打打麻将，也教了一些学生。太详细的数字我没有统计，翻看了一下手边的本子，2007 年有 9 名学生在我这里上课，2014 年则有 13 名学生。这么说来，比较保守地估计，那 10 年也教了三四十名学生吧。

这些学生的来源五花八门，有朋友推荐的、有同事教过的、有在网上看到我的情况找上门的……

有一个叫郭张进的孩子挺有意思，我跟他的家长纯属偶然认识。那时候我还没买车，往返大兴打车时，认识了一位姓郭的出租车司机，闲聊中他知道我是做音乐工作的，就问我能不能教他儿子拉琴，我说来试试吧。

郭张进这个孩子在音乐上不算有天赋，有时候回课拉得不好，老薛批评得比较严厉，大意是说你回家也不好好练习，再这样就不要学了。那天下课后我从窗户看出去，发现郭张进的妈妈在楼下一边走一边擦眼泪，这让我心里有一些难过。

来我这里上课的孩子的年龄跨度比较大，最小的只有6岁，初中生、高中生比较多。这些孩子并非想成为专业演奏员，家里让他们学琴，更多的是想在中考、高考的时候能够获得艺术特长生的加分照顾。

说起考试加分，我这些年在清华大学、中国政法大学、天津南开大学、北京林业大学等学校做过特长生专业考试评委，对其中的事情略知一二。像清华、北大两所大学，给特长生的加分力度最大，能达到50分，其余学校一般是加20分。我教过的学生，有10来名都获得了专业加分，考入了北京大学、清华大学、北京工业大学、华南科技大学，还有两名学生考上了香港大学和香港科技大学。

前文提过，我教过的华宁婧是北京八中乐团的中提琴首席，专业课很好。2013年，她报考北大，成绩是624分，没有达到北京地区的录取分数线。正好北大乐团那一年缺中提琴演奏员，很是看重她这个人才，直接给她加了65分，她的总分便达到了689分，顺利过线。

还有一个叫杨瑞的女孩，是我比较看好的一位学生。杨瑞的父亲是一位摄影师，喜欢下围棋，大概有业余3段的水平，跟我挺有共同语言的。杨瑞出生于2000年6月，从4岁半开始学琴，师从于红军、于红民两位富有经验的老师。2012年1月，北京太阳青少年乐团的音乐总监蒋雄达先生推荐她到我这里学习中提琴。

说起蒋先生，我们也相识很久了。他是解放军海政文工团乐队首席，除了演奏之外，在教学上也建树颇丰，培养出不少优秀的演奏员。记得我们的第一次见面是在中央音乐学院，那时他的一双儿女在中央音乐学院附中学习小提琴，每到期末考试他都要到现场去听。

杨瑞改学中提琴之后进步很快，这与前面提到的两位于老师帮她打下的坚实基础有很大关系。她在我班上学习一年之后，参加了中央音乐学院主办的“金色北京”弦乐比赛，力拔头筹，荣获金奖。

2013 年，美国怀俄明州的国际艺术夏令营来大陆选人。这个夏令营已经举办了十来届，由怀俄明州一所综合性大学举办，外请了专家来教授音乐、舞蹈、歌剧等专业课程。除了美国本土的学生外，主要是针对亚洲的孩子，如韩国、新加坡、越南、菲律宾和我国的港澳台地区。这次夏令营选拔，太阳青少年乐团派出了几名乐手参加考核，初选名单中就有杨瑞。

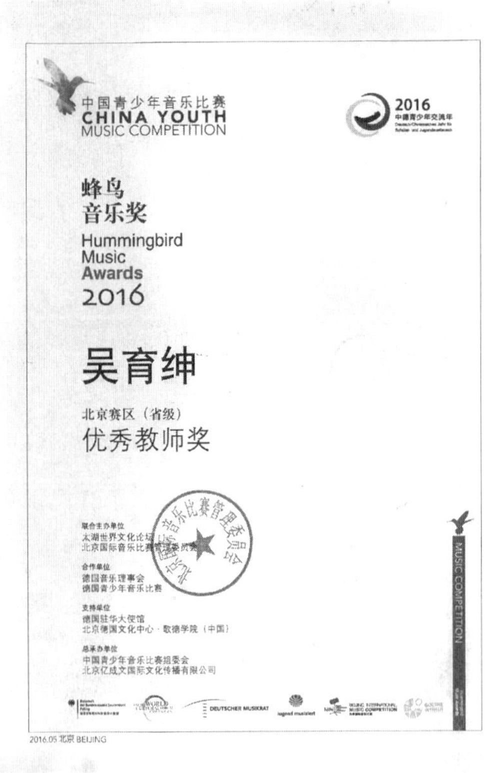

我获得的 2016 年中国青少年音乐比赛北京赛区（省级）优秀教师奖证书

夏令营初选前，我安排杨瑞演奏格利埃尔的《浪漫曲》。这首乐曲原本是一部芭蕾舞剧中的小提琴独奏曲，我在 20 世纪 60 年代时已移植为中提琴所用。在我报上演奏曲目名录时，蒋先生还有些担心用中提琴演奏这首小提琴乐曲是否偏难了一些，因为其中有快速的连弓运行，还有换把位的八度双音，都属于高难度技巧。但后来，蒋先生和美国方面的老师听了杨瑞的演奏后均大加赞赏。事实上，我坚持选这首曲子，除了能展示高超演奏技巧之外，还有一个原因——此曲选自芭蕾舞剧《红罂粟》(后改名为《桃花》)，以中提琴深沉宽广的音色来演绎，能更加准确地展示主人公的内心世界。

最后，杨瑞和另一名学小提琴的女孩入选，赴美参加了 2014 年国际艺术夏令营为期三周的学习。担任杨瑞中提琴主科授课的是李斯特音乐学院的苏珊教授。在出发前，我为杨瑞布置的曲目有巴赫 C 小调协奏曲第三乐章、布宁 G 大调协奏曲三个乐章。结果，杨瑞的演奏令苏珊教授刮目相看，她没有想到一个 14 岁女孩的演奏技艺如此娴熟。

为此，苏珊教授在排练交响乐之外，还特地为杨瑞上了三节指导课，

我获得的维也纳国际音乐大赛 2017 年北京弦乐大赛优秀指导教师奖证书

课上给杨瑞提出了一些不足之处，如巴赫协奏曲的双音音程有的不准，运弓速度尚需调整等。奇怪的是，作为李斯特音乐学院中提琴教授的苏珊，竟然没有接触过布宁[①]于 1958 年创作的 G 大调协奏曲，这让我完全没有料到。我猜想，也许是与美苏两个国家在意识形态方面的分歧有关吧。

夏令营的国际乐队演奏交响乐时，苏珊教授理所当然地领衔中提琴声部，而由于苏珊教授的偏爱，杨瑞就坐在了副首席的位置上。为期三周的夏令营结束后，杨瑞回到北京，还接到苏珊教授从美国寄来的信，鼓励她努力学习，期待有机会再次相见。

① 布宁，苏联近现代作曲家，全名列沃里·萨莫依洛维奇·布宁，1924 年生于莫斯科，1945 年考入莫斯科音乐学院，师从里琴斯基、舍巴林、肖斯塔科维奇三位教授，为中提琴创作了两部作品——协奏曲与奏鸣曲。

从沈阳到北京

下棋是我相伴一生的爱好。

我最初喜欢的是象棋。记得小时候离家不远有一个茶馆叫“金泉茶社”，里面天天有人听书和下棋，我常在那里看热闹，嘴里念叨着“马走日，象走田，小卒一去不回还”，手痒痒了也会跟别人下上几盘。开始我总是输，之后我找到一些古代的棋谱照着走，打谱多了，脑子里自然就有了一张棋盘。后来我能同时下几盘盲棋，跟当年的童子功有很大关系。琴棋同理，你看有的人拉琴，法度严谨，最简单的一首曲子演奏下来，弓法、指法的技术细节可圈可点，一看就是幼年时接受过严格训练，功夫已经吃透在岁月里。

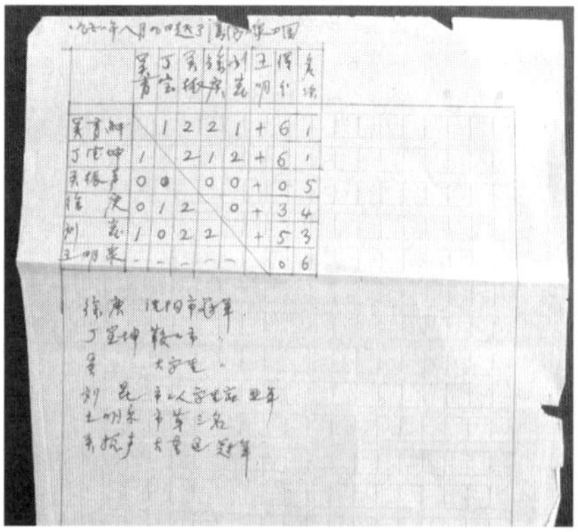

辽宁省六棋手邀请赛成绩单

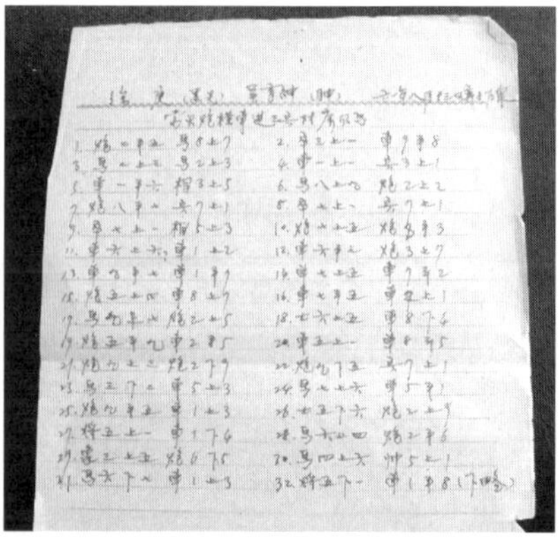

万泉公园大棋盘表演对局记录

小时候下象棋，从输到赢是一个漫长的过程，而当你棋力提高后，就开始有人主动找你下棋了。我在棋艺上有三位好老师——一代名将孟立国①和国手刘文哲②、华以刚③。在大东门的鲁茶馆结识了孟立国之后，我的中国象棋水平有了大幅提高，在大学期间曾得过沈阳高校冠军。后来在万泉公园举行的辽宁省六棋手邀请赛上，我与当时的鞍山市冠军丁宝坤并列第一，这是我在中国象棋这项运动中的最好成绩了。

虽然当年我还是学生，但也参加了很多棋界的活动。记得有一次是在万泉公园进行大棋盘对局表演，我执黑战胜了沈阳市冠军徐庚，那盘棋是由刘坤担任现场讲解的。那是 1961 年 8 月 13 日的事，当时的对局记录还在。一晃，半个多世纪过去了。

---

① 孟立国（1936—2008），辽宁新宾人，满族。青年时以棋艺在沈阳享名，曾在20 世纪五六十年代与王嘉良并称为“东北双虎”，以攻杀凌厉、棋风剽悍而驰誉棋坛。1958 年，22 岁的孟立国初登棋坛就以剽悍雄劲之风威震弈林，其中胜王嘉良和任德纯两局均以杀象入局；1960 年全国象棋比赛上，他力挫广东蔡福如和广西郑亚兴之局也是破象取胜，因此人称“杀象能手”。

② 刘文哲（1940—2011），辽宁大连人，曾任北京先农坛业余体校教练、北京棋艺研究社教练、北京棋院副院长。1965 年，在中苏国际象棋友谊赛中，以 4 胜 2 负 2 和的成绩，首次战胜国际特级大师。1980 年、1982 年获全国国际象棋比赛冠军。在第二十三届奥林匹克国际象棋赛中，以六步弃后连珠妙着，战胜荷兰国际特级大师唐纳。1979 年，在马耳他国际象棋等级赛中，连获两次国际大师成绩，被国际象棋联合会批准为国际大师。

③ 华以刚，1949 年 4 月 3 日生于上海，祖籍江苏常州。16 岁进国家围棋队，1982 年被授予八段。1986 年起先后担任国家围棋队领队，中国棋院围棋部主任，中国围棋协会副主席兼秘书长，中国棋院副院长、院长，第十一届全国政协委员等。现任北京围棋基金会理事长。

我在沈阳音乐学院读书时，外语课学的是俄文，因为喜欢下棋，我就从当时的苏联订阅了国际象棋月刊。在 20 世纪 50 年代末期，国内真正下国际象棋的棋手很少，孟立国建议我在这个领域好好钻研。于是，我开始在国际象棋上投入很大热情。功夫不负有心人，1962 年，在沈阳市举办的三项棋赛中，我获得了国际象棋冠军。

1963 年，我大学毕业后来到北京舞蹈学校实验芭蕾舞团，当时团里年轻人很多，喜欢下棋的也不少。几盘过招之后，他们便知道我实力不俗，名声也渐渐传开。

1965 年，我们准备排一台新舞剧《纺织女工》，全体到北京第一棉纺厂锻炼，体验生活。在一个周末的下午，大家闲来无事，聊天时说起高手能做到不看棋盘下盲棋。我说："这个没什么吧，我也能行，同时下三盘应该都没问题。"这下大伙兴致来了，当时就推举出三位来跟我对弈，他们是乐队指挥卞祖善、大提琴首席孙宝琪和贝司首席曹长树。

三盘棋同时摆开，我背对着棋盘发出指令，有人自告奋勇帮我走子。这三位里面，曹长树最有意思，他上来走了一步卒九进一，挺起一个边兵，大概是觉得反正你也看不见，我就随便走好了，结果他理所当然地第一个败下阵来；孙宝琪下得最认真，一直下到残局才认输。

1964 年春节，北京劳动人民文化宫准备举办中国象棋擂台赛，大伙知道这个消息后，都说让我去展示一下咱们艺术界的水平。第一天报名没报上，第二天巴松演奏员张先迈跑来跟我说："我帮你报上了，但写的是我的名字。我琢磨着组委会没准听说过你，用我的名字来杀他一个没有防备。"

那天的擂主是北京市第五名王玉琪，陪我去攻擂的是张先迈和双簧管乐手周兰昌，比赛时他俩始终一左一右地站在我两旁。开局我们都走得很顺，到中盘我就慢下来了，做出苦苦思考的样子。其实我是故意的，有麻痹王玉琪的意思。

那天天气很冷，王玉琪穿了一件军大衣，他看我走棋谨慎，大概嫌我慢，便从大衣口袋里掏出一张晚报。他刚要翻看晚报，我就走了一着车四退三，他当时就愣住了，手拿着报纸，足足思考了32分钟。这是事后张先迈告诉我的，他很得意地说："我看着手表呢。"

那时候，旁边围观的观众也开始由交头接耳转为出声评论，我听见一位小学生朝外面大声喊着："快来喽喽哎，王玉琪让人逮着了！"这盘棋最终以擂主失败告终。王玉琪也可能觉得很没面子，此后的擂台赛上再也见不到他的身影了。

赛后，工作人员向我颁发了奖品，是一支钢笔。工作人员还问我："张先迈同志，您是哪个单位的？"张先迈在旁边说："他不是张先迈，我才是张先迈。我们都是芭蕾舞团的，他叫吴育绅，得过沈阳市冠军呢。"我连忙说："那不是中国象棋，我得的是国际象棋冠军。"听我这么一说，旁边北京棋院的同志马上走过来，记下了我们单位的电话，说："哎呀，那太好了！以后经常来参加我们的活动吧。"

我下棋这么多年，有过关斩将的事，也有败走麦城的事。

那是在20世纪70年代，我和我的朋友——中芭乐队的小提琴手金以宏，到他家附近的一个公园去玩。那个公园叫万寿西宫（现在的万寿公园），里面常年有很多人在下棋。

那天刚进公园，我们就看到不远处有两人正在棋盘上厮杀得热火朝天。我过去看了看，发现有一位棋力稍弱，就在旁支了一着。那是非常关键的一步棋，那人看了我一眼，没有理睬，后来就越来越被动，最终败下阵来。那人推枰而起，对我说："你来下。"对面那位看起来年龄比我稍大，他没有反对，我便蹲下来摆好棋子开始下。

我当时正是年轻狂妄，放眼望去觉得公园里净是些平庸之辈，也就没把眼前那位放到心上，一边随手走棋，一边跟金以宏聊天。下到中盘，我忽然发现不妙，再走下去，最好结果也就是和棋了，于是就想放弃这盘，希望下一盘扳回来，便跟对方说："这盘我认输了，咱们再来一盘好吗？"

可是，让我意想不到的是，对方十分客气地说："不好意思，今天就向您学习到这里吧。"这盘棋让我终生难忘，我年轻时那么自以为是，想起来就羞愧难当。

下棋差不多是我大半生唯一的业余爱好，可是老薛对此不太理解。她觉得一个学音乐的人，将大把时间花在下棋上，简直就是不务正业。我们年轻时为此吵过很多次架，吵到最厉害的时候，她甚至把我的棋谱给撕了。当然，过后又给粘了起来。

20 世纪 70 年代，老薛在辽宁省文艺界五七干校下放劳动，经历了种种艰难过程，终于考入北京电影乐团（当时叫新影乐团），得以将户口迁入北京，我们一家人终于可以团聚了。

当时，我陪她到五七干校所在的辽宁盘锦办理手续。时值"文化大革命"后期，干校里人心惶惶，人事干部极尽刁难之能事，管手续的人今天拖明天，明天拖后天，我们只有住在招待所里干等着，一筹莫展。

那天下午，我们又去找人事干部，发现在他办公桌上摆着一副象棋残局。我看了两眼，人事干部便随口说道："你也会下棋吗？"我点点头。他说："反正也没啥事，杀一盘？"我就开始陪他下。下了两盘不开张，他的瘾头却上来了，不肯让我走。我说："这样好不好，我来跟你下盘盲棋吧。"

那位人事干部大概从来没有遇到过能下盲棋的人，显得非常吃惊。于是我先用几分钟时间，现场教老薛“炮二平五马二进三”等招法术语，由她代我走棋。当然，最后人事干部还是输了。

那盘盲棋下完之后，人事干部对我的态度立刻有了180度的转变，第二天上午，就帮我们办好了全部手续，还意外地补发给老薛很多全国粮票。那些粮票，直到现在我还留着，算是对那段日子的一个纪念吧。

那天之后，老薛若有所思地对我说：“看来什么都不是绝对的。没想到，你这个不务正业的爱好，在某些时候还是有用处的啊。”

记忆里，这是老薛唯一一次对我下棋这件事予以正面评价。

1964 年的全国棋类比赛

在 1964 年春节的中国象棋擂台赛上，我战胜了北京市第五名王玉琪，北京棋院（当时叫北京棋社）的工作人员记下了我们单位的电话。过了半个月，北京棋院通知我去下一盘棋，地点在先农坛。先农坛就在今天的南二环路旁边，离我的单位不算远，那是北京棋队的驻地。记得那天，是一位名叫郎大为的棋院工作人员来团里接我一起去的。

晚饭之后，对弈就开始了。坐在我对面的棋手叫徐家亮[①]，我们的棋下得相当正规，不但计时，还做了对局记录。那盘棋从当晚的七点半一直下到了十点，盘面进入残局，双方势均力敌。最后，我提出和棋，因为再晚的话单位大门就要关闭了，徐家亮同意了。

应该说，那是我与北京国际象棋界专业选手的首次较量。后来我才知道，那是一次棋力测试，而这个安排与当时的北京名将刘文哲有关。我前面说过，在我下棋之路上有三位老师，刘文哲是其中之一。人生充满了巧遇，在 1964 年春节那次擂台赛上，我在这边与王玉琪比赛，旁边挂大棋盘向群众讲解的就是刘文哲的棋局，但是当时我并不认识他。

---

① 徐家亮，1931 年 8 月 21 日出生于上海。1958 年，力克各路高手获全国国际象棋冠军。1981 年，国际棋联批准他为国际裁判，成为中国第一个国际裁判。1978 年，调至国家体委所属的人民体育出版社，1990 年任编审。

与徐家亮下过那盘棋后不久，团里通知我，北京棋队借调我去参加全国棋类比赛。那年的比赛共设中国象棋、国际象棋和围棋三个项目，原本徐家亮和刘文哲是国际象棋队正选队员，但是出发前夕，按照当时的话说，刘文哲“犯了错误”，于是北京队不得不临阵换将，找我去代替刘文哲，与徐家亮一起代表北京队出战。

1964 年的全国棋类比赛在浙江省会杭州举办，那是我第一次参加全国比赛，也是我这个北方人第一次去江南，我心里的兴奋劲儿就别提了。出发的时候，我还特意带上了一把小提琴。

参赛的全体运动员、裁判员都住在华侨饭店，离西湖不远。时值四月，正是草长莺飞的季节，满眼望去风景如画。当时还是我女朋友的老薛是浙江金华人，我在比赛休息日还特意请假去看望了她的母亲。记得我当时两手空空就跑去了，什么礼物都没有带，现在想想那时真不懂事。

在这届全国棋类比赛上，担任裁判的就有北京棋院派出的郎大为，那时他跟我已经挺熟了。国际象棋比赛采用的是单循环赛制，第一轮、第二轮我跟徐家亮都是一胜一负，这意味着在第三轮我们将会相遇。

比赛前，郎大为把我和徐家亮叫到一起开了个小会，说:“北京队只有你们两名选手，现在整体形势并不明朗，我看咱们就不要自相残杀了，要保存实力。我想跟你们俩商量一下，干脆下一轮你们遇到时就下成和棋吧，各取 1 分。”我跟徐家亮都表示同意。

比赛那一天，我执白先行，以英吉利开局布阵，徐家亮则摆出西西里防御应战，完全中规中矩。因为我知道这将是一个和局，所以也没有太认真，比赛中时常溜达到旁边看别人对弈。到了中盘，双方子力相当，该是和棋的最好时机了，但我没有想到的是，徐家亮好像忘记了当初的约定，开始步步紧逼，显露杀机，完全没有和局的意思。我看出来徐家亮的心思，便主动认输了。

我当时心里有些小小的委屈，但随后也就理解了。我当时是个初出茅庐的 26 岁的青年人，是业余棋手，在人家看来完全是来玩的。而徐家亮是北京棋队的专业选手，已经获得过全国冠军，他内心看待这次比赛的分量当然与我不同，那一局他是志在必得。

赛后见到郎大为，他说："是中盘和了吧？" 我说："不，我输啦。" 郎大为流露出疑惑不解的神情。后来，他将此事向北京棋院领导作了汇报，棋院曾专门派人来找我调查。经历过那个年代的人都知道，那时候组织的意见是不可以违抗的，我知道这事弄不好会给徐家亮扣上一顶个人主义、不服从组织纪律的大帽子，影响他的前程。所以，我一口咬定是我走错了才输棋的，跟老徐没关系，后来这事也就不了了之了。

那次比赛后，徐家亮留在杭州编辑当年的《对局评解》。之后，他托人带给我一本留作纪念，通电话的时候，他对棋赛的事表示了歉意。

在这届全国棋类比赛上，每名选手都下满 16 轮，我的成绩是 6 胜 9 负 1 和。全国 30 名参赛棋手中，我是唯一的业余选手，排名第 26。虽然成绩不太理想，但收获很大，因为我发现，其实选手之间的差距并没有我想象的那么大。

比方说，比赛中我战胜了一位广东选手陈德，他那届排名第 27，在我之后，可是次年就夺得了全国冠军；上一届全国比赛的第四名、第五名，都被我这个小辈斩于马下；在比赛的第二轮，我遇上这届比赛冠军、广东名将简明基，那一场恶战估计也惊出他一身冷汗——我们足足下了 4 个小时，最终他以极微弱的优势取胜。

这届全国棋类比赛结束后，北京棋队总领队沈尺卿特意找我谈了一次话，正式邀请我加入北京棋队，她说：“年轻人是有巨大潜力的，希望你能在这条路上继续走下去。”我虽然喜欢下棋，但也无法割舍对音乐的热爱。同时，我也认识到以自己的才华，在弈棋这条路上继续跋涉将十分艰辛，所以最终还是放弃了做一名专业棋手。

在 1964 年的那个春天，我遇到了不少旧日相识，这是特别让人高兴的事。1962 年，我在沈阳读书时，黑龙江队的张东禄曾力邀我加盟省队，为此还特意去游说李劫夫院长。1964 年，我们在比赛中相遇，到了中盘，张东禄提和，可是当时我的优势很明显，我就没有同意。结果“老奸巨猾”的张东禄看准时机，不仅将我的优势化为乌有，最终还得意地赢下了那盘棋。

除了故人相逢其乐融融，我还结识了不少新朋友，这主要得归功于我带在身边的那把小提琴。当时的赛程安排是比赛一天休息一天，在休息日的时候，一些选手喜欢来听我拉琴。特别是上海围棋队的队员们，记得有陈祖德[①]、华以刚、吴淞笙[②]、曹志林[③]等，没事就来我的房间。他们喜欢唱

① 陈祖德，1944 年 2 月 19 日生，上海人，围棋国手，中国棋院第一任院长。1963 年 9 月 27 日，执黑先行战胜日本杉内雅男九段，成为第一个在中国击败日本九段棋手的中国人，打破“日本九段不可战胜”的神话。

② 吴淞笙，1945 年 4 月 4 日生，福建莆田人，曾任中国围棋协会培训中心高级教练。早年在上海师从棋界名家林勉学弈，1961 年入选国家围棋集训队，1963 年在中日围棋赛中战胜宫本直毅八段，1982 年被国家体委批准授予九段段位。

③ 曹志林，前围棋国家队成员，职业八段，上海建桥围棋学院副院长，上海《新民晚报》主任记者，著名围棋评论家，著有《棋魂》。20 世纪 70 年代末退出职业比赛后，在围棋电视转播中出镜率极高，是具有全国影响力的讲棋名家，在棋迷中有“讲棋铁嘴”之称。

印度电影《流浪者》里面的《拉兹之歌》，我就为他们拉琴伴奏。

围棋，在中国古代被称为弈，可以说是棋之鼻祖，相传已有 4000 多年的历史。围棋是中国古代知识阶层修身养性的一项必修课目，属于琴棋书画四艺之一，堪称国粹。后来，围棋流行于亚太地区，并逐渐覆盖世界范围，被认为是世界上最复杂的游戏之一。

1964 年，是新中国围棋史上的重要一年。这一年，陈祖德获得了全国冠军，获得第二至第六名的依次是吴淞笙、沈果孙、黄永吉、王汝南、罗建文。他们中除了一人是中年棋手外，其余五人都与我年岁相仿甚至更年轻。那一届比赛结束后，新的国家围棋集训队成立了，从此在我国围棋弈坛上开始了由青年棋手称雄的时代。

我与中国围棋协会主席陈祖德在日本大阪合影（1991 年 7 月）

而参加 1964 年的全国棋类比赛对于我的另一个重要意义在于，认识了一系列围棋国手，得以在华以刚等人的帮助下接触到围棋。

从此，一扇崭新的大门在我面前打开了。

认识围棋 喜欢围棋

围棋本是中国的国粹，属于古代士大夫的文化意趣。但是近代的百年战乱，使真正有闲心弈棋的人越来越少。至于我国现代围棋事业的发展，是与陈毅先生的大力推进分不开的。

记得在新中国成立不久的1950年，时任上海市市长陈毅就说过：“围棋是我国创造的，现在日本的水平却比我们高，我们一定要赶上和超过日本。”正是在陈老总的呼吁下，由李济深、黄炎培等爱国人士提议，“北京棋艺研究社”于1952年在首都成立了，这就是北京棋院的前身。当时资金匮乏，梅兰芳、周士观等社会名流还曾自掏腰包为工作人员解决开支问题。

虽然有了专业机构，但社会上下围棋的人还是凤毛麟角。1956年，国家体委本来打算举行一次全国棋类锦标赛，但由于报名参加围棋比赛的人太少，国际象棋干脆就没人报名，最后只得举行了单一的中国象棋锦标赛，而围棋只作为表演项目露了个面。

后来，上海成立了棋社，《围棋》月刊（上海）、《成都棋苑》（四川）、《围棋春秋》（北京）等刊物也相继创刊。从那时起，全国下围棋的人数得以大幅增加。到了1957年，围棋在全国棋类锦标赛上终于被列为正式比赛项目，但是报名参赛的选手也仅有27名。

为促进中国围棋水平的发展，陈老总邀请日本围棋代表团来华进行友好访问和比赛。1960 年五六月间，在北京、上海和杭州三地，中日双方共战 35 局。在 30 局的正式比赛中，中方 2 胜 1 和 27 负，可谓一败涂地。送走日本选手之后，陈老总对围棋运动员做了一番讲话。他说："围棋，要以日本为目标，1962 年下平，1965 年战胜他们。日本人下围棋所向无敌，很骄傲。我国的围棋从乾隆以后一蹶不振，国运衰，棋运也衰了。现在，我们国运盛，棋运也该盛。"

当时正值"大跃进"风云席卷全国，"十五年超英，二十年赶美"之类的口号响彻各行各业，所以陈老总在下围棋这件事上也明确提出，要在 1965 年超过日本。

那个时候，我还沉迷于中国象棋的九宫格之中，对围棋这项运动一无所知。

我与中国象棋特级大师、上海棋社社长胡荣华，中国象棋特级大师徐天利在上海文化广场合影（1984 年秋）

在1964年的全国棋类比赛上，作为业余选手的我，最高兴的就是有机会认识了许多大名鼎鼎的国手，并和他们成了朋友。他们中有下中国象棋的胡荣华[①]、徐天利[②]、臧如意[③]，下国际象棋的简明基、陈德[④]、许宏顺、戚惊萱[⑤]，还有下围棋的一些年轻人。

这次比赛结束后不久，新的国家围棋集训队成立，全国各地的围棋高手来到北京集训，住在龙潭湖的国家队宿舍，我们的交往就更多起来。记得他们中有上海围棋队的陈祖德、华以刚、吴淞笙、曹志林，福建队的罗

---

① 胡荣华，1945年生于上海，中国象棋界一代宗师，当代象棋学派的主要奠基人，20世纪最杰出的象棋手之一。15岁时首次参加全国象棋比赛即夺冠，并先后15次获得全国象棋个人赛冠军。1982年，被国家体委授予“中国象棋特级大师”称号和体育运动荣誉奖章。1988年，被亚洲象棋联合会授予“中国象棋国际特级大师”称号。

② 徐天利，1936年生于浙江鄞县，中国象棋特级大师，曾任上海市象棋协会副主席、高级教练，上海市象棋队主教练。棋风稳健细腻，布阵稳当，中残局功夫老练，以擅长中炮七路马，后手屏风马著称。

③ 臧如意，学名臧国柱，1939年生于河北新安，中国象棋大师，曾任北京棋队教练。棋艺风格自成一派，布局不拘一格，看法奇诡突兀、变化多端，中局攻杀力量雄厚，能攻善守，在棋坛上有“妙着大师”之称。

④ 陈德，广东人，1965年获国际象棋全国冠军。20世纪90年代起，在棋坛劲旅广东国际象棋队任主教练。

⑤ 戚惊萱，1947年生于上海，国际象棋大师，中国第一代国际象棋专业棋手的领军人物。1981年，被国际象棋联合会授予“国际大师”称号。曾担任国际象棋的中国国家队教练，带领谢军出战菲律宾，协助其获得第一个国际象棋女子世界冠军头衔。

建文[①]，安徽队的王汝南[②]和四川队的黄德勋[③]。

这些人之中，我跟华以刚最要好。他比我小十几岁，喜欢音乐，到北京后突发奇想要学习小提琴。记得那天我专门带他到珠市口的一家寄卖行，花 20 元买了一把旧琴。之后每个礼拜天，他都来团里学琴，而我是从空弦开始教他的。

我教华以刚拉小提琴，他教我下围棋。开始是授九子，由于我有其他棋类的基础，过了两年时间，就变成授六子了。本来还能继续提高，可惜接下来国家围棋队就去山西参加下放劳动锻炼了，我也就没有机会练习了。

那时候我们都年轻，很有争强好胜之心。记得有一次我和华以刚闲聊，他突然问我："你的中提琴水平，在全国能排到第几呢？"

这句话把我问蒙了。我问他："你是什么意思？"

华以刚以为我没有听明白，解释道："你看，在我们围棋界，谁在全国能打到第几名，大家心里都是有数的。你们难道就没有这个位次吗？"

我说："虽然琴棋书画是排在一起的，但是好像还真没法一样地比。古人说'文无第一武无第二'，你们那个更像比武，胜负一目了然，而我们这个不大容易分出胜负。"

我看华以刚似乎对我的回答不太满意，便又补充道："你看，我们搞音

---

① 罗建文，福建人，著名围棋国手。13 岁学棋，1982 年被授予七段。曾任中国围棋协会副主席兼技术委员会副主任、中国棋院围棋部副主任、《中国围棋年鉴》编委。

② 王汝南，1946 年生，安徽合肥人，新中国第一代围棋棋手。14 岁开始学棋，1964 年 2 月晋升为二段，1982 年 3 月晋升为八段。曾任中国围棋协会专职副主席、中国棋院院长、中国象棋协会主席、中日友好围棋会馆馆长。

③ 黄德勋，1950 年 2 月 17 日生，四川成都人，13 岁学棋并进体校，16 岁进国家集训队，1982 年被授予七段，2007 年任中国围棋协会技术委员会副主任、成都棋院副院长。

乐的，有演奏、教学、创作、研究等好多内容吧，高下是有的，但不那么绝对。综合起来比较，在中提琴这个领域，我在全国大概能排进前六名吧。”

华以刚正在学小提琴

这下华以刚满意了，点了点头。这个排位跟他当时在全国围棋领域的成绩不相上下。

记得当时团里的年轻人基本都没成家，有时候礼拜天我们就结伴骑车去国家围棋队玩。由国手对弈指导棋，现在想想真是难得的机缘啊！最初常去国家队下棋的有演员队的武兆宁、李凤鸣、赵玉生，乐队的孙宝琪等，他们后来成了中央芭蕾舞团围棋协会的中坚力量。

学小提琴这件事，华以刚没有坚持下来，因为他离开北京去干校了。下围棋我却始终没有中断，而且占据了我的大部分业余时间。

一直以来，总有人问我：“在三项棋里面，围棋是你水平最低的一项，可为什么你对它情有独钟呢？”

我想了想，大概有这样几个原因吧。

首先，在中国象棋和国际象棋中，每个棋子的能力是不同的，车就能纵横天下，卒只能缓步前行，这等于先天就有了很多限制。而围棋中的每个子原本能力都是一样的，它们最后产生的效应是由位置来决定的。

我与华以刚（1979 年秋）

其次，象棋的子越下越少，最后的残局，偌大的棋盘上只有几个子在拼杀，寂寥萧瑟。而围棋是子越下越多，到后来棋盘充满了变化的趣味。

再次，围棋中有数学，如精确的算度；有哲理，如取舍，对实力与大势的判断等。

最后，还有一点不太拿得上台面的原因，是棋手的气质也略有不同。在我年轻时的那个年代，很多下象棋的选手是工人和城市平民，往往不修边幅，举手投足之间满是江湖气。而围棋队里年轻人很多，特别是上海围棋队那些队员，看起来文质彬彬，带着学生气，让我不由得心生亲近之意。

围棋讲究“取势”，不像象棋一味重视格斗拼杀，这对于棋手培养大局观念很有好处。在所有的布局中，我十分欣赏 1970 年由日本超一流棋手武宫正树[①]创造的“宇宙流”。这种以取中腹大模样为作战方向的围棋布局流派，使整个围棋的思维变得更丰富、更广阔，人们甚至说这是两百年也不会消失的流派。

① 武宫正树，1951 年 1 月 1 日生于东京，日本围棋超一流棋手、日本棋院职业围棋棋手，入木谷实门下，与石田芳夫、加藤正夫并称“木谷三羽乌”。棋风被称为“宇宙流”，不惜放弃边角，以中腹为目标，用黑棋时几乎全部用三连星开局，深受业余棋友喜爱。

冥冥中自有天意。也许正是我对“宇宙流”的偏爱，使得多年以后，我有机会与“宇宙流”创始人武宫正树先生对坐手谈，成就了我学棋历程上的一段佳话。

我与棋友谭炎午七段、《体育博览》记者于志琪、武兆宁、孙宝琪合影

从1964年我接触围棋到2014年，已经整整半个世纪了。

如果说1964年还有什么事是与围棋界有关的话，那就是马晓春[①]的出生。

而陈老总当年提出的中国围棋要在1965年超过日本的目标，却迟迟没能实现。应该说，直到始于1984年的中日围棋擂台赛11局比赛结束时，中国以7∶4胜出，才算略占上风。

在这场持续了数年的擂台赛上，中国棋手聂卫平保持着九场不败的纪录，并使中国队连夺头三届比赛的胜利，因此被封为“棋圣”。我想，如若陈老总地下有知，当年与他对弈过的小棋手取得了如此佳绩，一定会很开心的。

---

① 马晓春，1964年8月生，绍兴嵊州人，20世纪90年代中国围棋领军人物，创下中国围棋“名人战”十三连霸记录，并成为中国第一个职业围棋世界冠军，后出任中国围棋队总教练。

两盘没有下完的棋

1982 年，中日合拍了一部电影《一盘没有下完的棋》。由于是中日复交后第一部双方共同导演、联合出演、联合摄制的电影，在当时影响很大。这部电影的编剧葛康同、李洪洲后来还成了我的好朋友。

我要说的是，当时看到这部电影的名字，我有些触动。因为在我下棋的经历中，就有过两盘没有下完的棋，而且都是中国象棋，它们一直在我的脑海中。

在我的一生中，下过的棋不计其数，为什么这两盘棋会让我始终难忘呢？且听我慢慢道来。

第一盘没有下完的棋，是一次机缘巧合，我有幸与中国棋界前辈谢小然先生对弈。

谢小然，象棋名家，河北武清人，1913 年生，1929 年进北平求学，就读于私立民间大学预科，一年后拿到文凭，后来续学法律本科，因病及经济窘迫，未完成学业，便走向社会，以棋为生。

谢小然先生在象棋江湖的名头，我还在沈阳读大学时就有所耳闻。当时我跟辽宁队的孟立国关系很好，而与孟立国并称“东北双虎”的王嘉良[①]，在新中国成立初期曾多次南下与华北的高手较量，数番与谢小然先生弈棋。

王嘉良在回忆录里是这样写谢小然先生的：

> 先说说北京的谢小然吧。谢小然当时去上海与杨官璘[②]、董文渊[③]、何顺安[④]等南派高手比赛，和了杨官璘与董文渊，仅小负于何顺安。一般北方棋手和杨官璘下棋可以说很难取胜，谢小然与杨官璘下了六盘棋，互有胜负，可以说很不容易。像马国梁在上海输给杨官璘，输得很惨；马宽虽然和棋很多，但三年没能赢杨官璘一盘棋；同去的北方棋手侯玉山等人的成绩都不理想，所以私下里棋友都认同“南杨北谢”这个说法，但这只是私下里的话，并没有流传开。谢小然回到北京后开了家天然轩茶社，从此封刀，不再下棋了。
>
> 谢小然的天然轩可以说名手云集，我去北京就直奔天然轩。我和

---

① 王嘉良，1933 年生，山东黄县人，中国象棋特级大师，被国务院授予体育运动荣誉勋章。棋风凶悍、大刀阔斧，是我国北派棋手的杰出代表，为我国象棋现代布局的发展做出了巨大贡献。

② 杨官璘（1925—2008），首批中国象棋特级大师，1999 年被评为“新中国棋坛十大杰出人物”。棋风诡异，布局精致，能攻善守，往往能用兵来制胜，劣势谋和，为中国象棋走向世界做出了很大贡献。

③ 董文渊（1919—1996），中国象棋名家，浙江杭州人。少年成名，棋才出众，棋艺特点为开局灵活多变，残局功力深厚。1937 年获鲁闽浙苏四省棋赛冠军；1939 年到香港与周德裕争雄，获“新七省棋王”之誉。

④ 何顺安（1923—1971），象棋名家，浙江鄞县人，生于上海。棋艺以细腻见长，对开局研究颇深，善于谋子。1945 年，因攻周德裕的擂台获胜而一举成名。1947 年以后，蝉联上海市象棋赛全部冠军。

谢小然已经很熟悉了，也很尊敬他。谢老对我也很好，和我在一起经常谈谈棋和别的什么。

北京的五大高手是谢小然、侯玉山、张德魁、全海龙和曹德纯。侯玉山那时不在北京，到上海做表演去了。我先和全海龙下，谢小然对全海龙说："嘉良长棋了，在天津成绩挺好的，就别让二先了。"

谢小然先生后来在先农坛体校教象棋，弟子有刘文哲、傅光明、方士庆、陆兴、王国栋、尹乃文等人，还曾对臧如意、谢思明、喻之青等进行过指导。那时候，"南杨北谢"的说法已经传遍大江南北。除了比赛之外，谢小然先生对棋规也很有研究，多次担任全国比赛的裁判长，培养出众多裁判员。他不仅棋艺精湛，而且为人严谨，讲究原则，加之成名已久，桃李满天下，深得国内棋界敬重，大家都尊称他为谢老。

曾获北京市中国象棋冠军的刘文哲是谢小然先生的学生，他改下国际象棋后，成绩也很好，获得过国际象棋全国冠军。1964 年，我顶替刘文哲参加了全国棋类比赛之后，跟他渐渐熟悉起来。

刘文哲喜欢艺术，经常来中芭听乐队演奏，观看演员排练。有一天，刘文哲专门邀请我去参加他的婚礼，我欣然前往。就在那天，我见到了仰慕已久的谢小然先生。

大婚的当天，刘文哲很高兴。婚宴之前，我正跟谢小然先生聊天，刘文哲忽然说："要不你们俩下一盘棋吧。"

我知道，这是刘文哲的一番美意，能跟名满天下的谢小然先生对弈，机会实在是太难得了。而爱徒在大喜之日的请求，作为老师也不好拒绝，于是谢小然先生欣然允诺，我们当即摆开棋盘。

记得我是执黑先行（现在规则已经改为红先黑后），聚精会神不敢有半点儿马虎，下到中盘时，盘面上居然难分优劣。这时，谢小然先生说："和棋吧。" 我马上说："谢谢谢老您的指导棋，您对我真是手下留情了。"

后来，刘文哲带我去谢小然先生家中拜访，谢小然先生还记得那盘棋，他对我说："你象棋下得不错，有相当的实力，以后有机会咱们再下一盘。" 然而后来，我们就没有机会再见面了，在刘文哲婚宴上没有下完的那盘棋，便成了永久的纪念。

我的挚友——国际象棋特级大师刘文哲

那以后，我也常常听到谢小然先生的消息，他从1980年开始担任北京棋院副院长，并被选为北京市政协委员，还出版了《象棋精编》等书。1985年，谢小然先生因患脑血管疾病逝世，终年72岁。

然而，人生处处充满巧合，我的第二盘没有下完的棋，居然是跟谢小然先生的女儿谢思明下的。

谢小然先生在49岁时得此爱女，视为掌上明珠。初中时候，谢思明就在什刹海体校学棋，老师是王国栋。1978年，16岁的谢思明在全国少年象棋赛上获得女子亚军，第二年更是夺得全国少年象棋赛冠军。1980年4月，全国象棋赛在福州举行，18岁的谢思明以9胜2和的不败战绩夺得女子冠军。谢思明与高华、单霞丽、胡明、王琳娜、金海英五位女棋手并称

“楚汉六凤”，为“六凤”之首。后来，谢思明多次代表中国出战“亚洲杯”象棋赛，力挫新加坡女棋王张心欢，四度夺魁，被誉为“亚洲棋后”。1988 年，亚洲象棋联合会授予谢思明“中国象棋国际特级大师”称号。

谢思明充分继承了谢小然先生思路清晰的弈棋风格，属于有策略的攻杀型棋手。我看过她的比赛对局，在布局上时有创新，中残局功夫犹深。谢思明还有一个特点，就是喜欢艺术，是交响乐、歌剧，特别是芭蕾舞的热心观众。北京棋院的人都知道这一点，他们给我讲过不少谢思明的故事，说光是英国皇家芭蕾舞团的《睡美人》，她就在电视上看了八回。如果芭蕾舞团有演出，只要她在北京，就一定打扮得漂漂亮亮地去天桥剧场观看。

20 世纪 80 年代的一天，我来到北京棋院，恰好碰上谢思明，她得知我来自中央芭蕾舞团，便提出跟我下一盘棋。对局国内一等女棋手，我每走一步都很是认真，谢思明却很随意，行至中盘，她说：“就下到这儿吧，咱们和棋。”

其实我到今天也没有想明白，为什么这父女俩都不愿意把棋下完，也许是给业余选手留着面子吧？但是对我而言，是多么希望高手能与我下到最后，并给予讲解，那样才有利于业余选手的提高啊。

下完棋我们又聊了会儿天，谢思明说起芭蕾舞还真是非常内行，对我们团的几个主要演员跳过什么角色、有什么特点，都如数家珍，甚至比我还清楚。

后来，谢思明去了北京师范大学读书，毕业后离开棋坛，成立了一家广告公司。这以后，人们见到她更多的是在电视上的象棋节目中，她不仅策划了很多比赛，还亲自担任解说。有人说，她是“象棋与电视联姻的红娘”。

百花奖围棋邀请赛和首都文艺界围棋联谊会

1982年，中日联合摄制的电影《一盘没有下完的棋》上映后，掀起了一阵围棋热。次年，在这部电影的编剧之一李洪洲的倡议下，举办了一次首都文化艺术界百花奖围棋邀请赛，这次棋赛的规模是前所未有的。

说起我与洪洲的相识，可以追溯到20世纪70年代。记得有一年，宣武区要举办一个三项棋类赛，我当时担任裁判长。在准备会上，有一个人提出了一些问题，我一一给予解答，那个人就是当时还名不见经传的李洪洲。

我与洪洲的第二次见面，是在北京首届围棋段位赛上。记得那是春节后的一天，洪洲特意到鼓楼的赛场来找我，对我说了组织一场文艺界围棋比赛的构想。他还特意告诉我，当他有了初步想法之后，曾去找北京棋院的专业棋手相商，是小龙（刘文龙）让他来找我的。

在那个年代，人与人之间缺乏有效的沟通渠道，连电话都没有普及，所以洪洲和小龙都认为让参赛者自行报名有一定的困难，只能采取组委会邀请制，而这样的方式要求组织者必须在棋友中有广泛的人脉。小龙跟洪洲提及我，主要是因为当时中央芭蕾舞团的业余围棋爱好者人数众多，可用“蔚然成风”形容，而且在周边单位，如歌剧院、舞蹈学院、京剧院等，还有很多棋友，大家常有联系。我听明白了洪洲的意思，欣然答应一同来组织这一赛事。

1983 年的夏天，经过我们的精心准备，最后有 100 位文艺界的围棋爱好者受邀参加了比赛，囊括了首都文艺界各路业余高手。他们分别来自：中央芭蕾舞团、中国歌剧舞剧院、中央歌剧院、中央乐团、解放军总政文工团、海政歌舞团、空政歌舞团、中央音乐学院、中国舞蹈家协会、北京电影制片厂、中国电影家协会、《大众电影》杂志、《世界电影》杂志、《电影艺术》杂志、中央新影、八一电影制片厂、电影学院、北京人民艺术剧院、青年艺术剧院、儿童艺术剧院、实验话剧院、《诗刊》杂志社、北京画院、中央广播文工团、中央广播合唱团、北京戏曲学校、燕京评剧团、北京京剧团、社科院文学所、民族学院艺术系、《北京晚报》文艺部……

这 100 位选手中间有画家、作家、翻译家、诗人、导演、评论家、摄影家、作曲家、演奏家、歌唱家、舞蹈家、指挥家、话剧表演艺术家等，真是“谈笑有鸿儒，往来无白丁”。在比赛现场，能够见到在话剧《茶馆》中饰演秦二爷的蓝天野、饰演刘麻子的英若诚，在电影《抓壮丁》中饰演李老栓的吴雪，话剧《万水千山》的作者陈其通，电影《沙鸥》的导演张暖忻，话剧《权与法》的作者邢益勋，《远离莫斯科的地方》的译者刘辽逸，儿童文学作家严文井，文艺评论家冯牧，合唱指挥家严良堃，相声名家姜昆，还有画家娄师白、溥松窗等。我作为中央芭蕾舞团棋协副主席（棋协主席为王汉志），率我团高手悉数前往，其中有大提琴家孙宝琪和在《红色娘子军》中饰演洪常青的芭蕾大师武兆宁……

说起棋赛的场面，那真是百花盛开，盛况空前。经过三天的预赛、复赛和决赛，甲组（55岁以上棋手和女棋手）和乙组（55岁以下棋手）分别产生了前三名。我在乙组，进入半决赛时，遇到的对手正是洪洲，应该说我们俩的棋力比较接近，那次我运气好，执白胜了他。决赛在我和葛康同之间展开，他的水平在我之上，理所当然地夺得了冠军。

百花奖围棋邀请赛闭幕式的规格很高，组委会请到了中国围棋协会名誉主席、中央政治局委员方毅，中国围棋协会顾问、全国人大常委会副委员长阿沛阿旺晋美，中国围棋协会顾问、国务委员张劲夫，围棋界元老过惕生、过旭初[①]出席。国家围棋队副主席陈祖德更是率领队员王汝南、华以刚、罗建文、沈果孙、聂卫平、刘小光、曹大元、江铸久、马晓春、汪见虹、程晓流、钱宇平、俞斌、王群、孔祥明、芮乃伟、张璇、杨晖、华学明悉数前来祝贺。可见围棋国手对我们组织这样的活动，真是全力支持，行胜于言啊！

这次比赛的奖品都是名家书画，聂卫平看了都眼馋。我们棋手通过比赛产生了名次，但画家的书画没法排名，所以奖品发放采取的是抽签方式。一叠藏有画家名字的信封摆在主持人手里，上台领奖的人谁也不好意思挑挑拣拣，都是按顺序取一个就走。我幸运地得到了董寿平先生的作品《墨竹》，而让我没有想到的是，国务委员张劲夫先生亲自为我颁了奖。当时在现场的小中用相机记录下了这一珍贵的画面，成为我永久的纪念。

---

① 过旭初（1903—1992），安徽歙县人，中国现代围棋前辈，“棋圣”聂卫平的启蒙老师。1924年，在北平八宝胡同俱乐部举行的中日围棋赛中赢了日本棋手，获得冠军，一时名声大振。新中国成立前，曾先后组织了江西棋会、东南棋会（屯溪）、上海棋会。新中国成立后，历任全国政协文化俱乐部围棋指导员、北京棋院顾问、北京市文史研究馆馆员。

百花奖围棋邀请赛的反响非常好，洪洲和我都很兴奋，想着要是能有一个让大家经常在一起活动的组织就好了，于是洪洲又筹划成立一个“首都文艺界围棋协会”。王汝南知道后，说协会这个名称过于郑重了，于是我们最后取名为“首都文艺界围棋联谊会”，由洪洲担任秘书长，我和岳允中、葛康同担任副秘书长。在我们几人的分工中，我负责赛事活动。

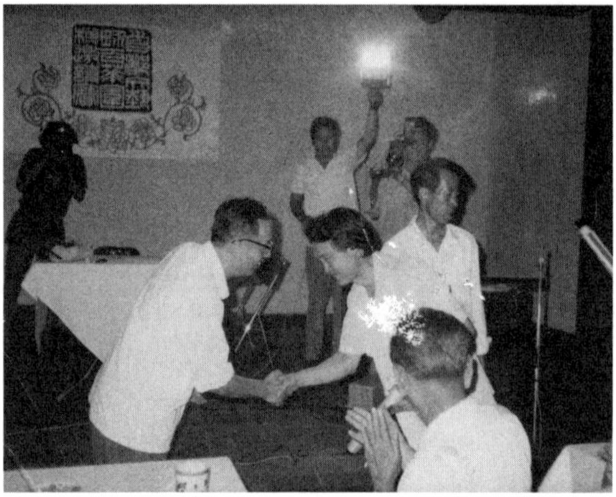

我在百花奖围棋邀请赛上领奖

围棋联谊会虽为民间组织，但能量可是非同小可。在筹备阶段，我们便请到赵朴初先生题写了名称，还邀请金庸先生担任名誉理事。金庸先生是著名的武侠小说作家，有一种说法是有华人的地方就有他的书，而围棋是金庸先生的终身爱好，在《大公报》和《新晚报》工作时，他常和梁羽生、聂绀弩等人下围棋，还写过《围棋杂谈》等“棋话”。他曾说：“围棋是比象棋复杂得多的智力游戏。到中盘时头绪纷繁，牵一发而动全身，四面八方，几百只棋子每一只都有关联，复杂之极。”

围棋联谊会乘着百花奖围棋邀请赛的东风，顺势而上，开幕那天又弄出声势浩大的一幕，几十张棋桌在大厅摆开，国家围棋队众位国手驾临，每人面对四五位会员，逐个指导对弈，之后根据棋力提出段、级位意见，这些评价后来成为我们协会内部比赛编组的依据。

我在北京樱花宾馆首届“尧舜杯”围棋联谊赛上弈棋（1990 年 6 月）

“中建杯”围棋赛前三名在北京樱花宾馆合影（1990 年 6 月）

围棋联谊会成立之初，我们还与上海文化科技界围棋代表团进行了交流。那个代表团的团长是《红日》的作者、著名作家吴强，他赠送给我们联谊会一块匾额，上面是他亲笔书写的“两苑同春”四个字，正是当时京沪文化科技界围棋交流的写照。

从 1985 年开始，首都文艺界围棋联谊会还与日本文化界举行了跨越十数年的围棋交流。这件事在后面有专文论述，这里就不多说了。

1989 年 12 月，首都文艺界围棋联谊会组织了一场围棋比赛，因为是由前门大碗茶联社赞助的，所以取名叫“首都文艺界大碗茶杯十杰战”。这是百花奖围棋邀请赛之后，文艺界的又一次重大围棋赛事。

在十杰战中，我顺风顺水，一路过关斩将，最后直取锦标，获得冠军。在颁奖会上，围棋界来了很多高手助兴，其中有一项活动就是时任中国棋院副院长王汝南授我四子下指导棋，在现场大棋盘前进行解说的是北京棋院的程晓流五段。程晓流妙语连珠，说：“中央芭蕾舞团的吴育绅年长于我，早年曾是我们北京棋队的棋手，但不是围棋，而是国际象棋。所以这么算起来，他还是我的师兄……”现场的气氛一下就变得轻松起来，而我呢，也有点松懈了，本来有一个很好的机会，却没有抓住，最后惜败。

在“大碗茶杯”十杰战的前前后后，我还参加过一些赛事，比如参加了首届“尧舜杯”围棋联谊赛，但中途受命改赴“中建杯”比赛，获得亚军；在“陈毅杯”围棋段位赛中获得业余 3 段棋手证书；在“全国教授名人杯”围棋赛中获得第五名；在文化部离退休老干部围棋赛中获得冠军。这么说起来，在“大碗茶杯”十杰战中夺冠，是我在那一阶段的最好成绩了。

中日文艺界围棋交流（上）

1985年9月的北京，首都文艺界围棋联谊会与《体育博览》杂志社、《围棋春秋》编辑部联合主办了中日文艺界首次围棋友好赛。中国文艺界围棋代表团的团长由我担任，顾问是中国围棋协会副主席陈祖德。

我们的队员分为甲乙丙三队，每队6位选手出战。根据选手的时间和工作安排，有的人参加了多个队的比赛。

甲队棋手是：中央京剧院演奏员王心牛、北京电影制片厂编剧葛康同、中央新闻纪录电影制片厂摄影师江小平、中央芭蕾舞团演奏员吴育绅、中央芭蕾舞团工作人员毕兆全、中央歌剧舞剧院演员刘康。

乙队棋手是：总政文工团演奏员于华臣、中央京剧院演奏员王心牛、海政歌舞团演奏员盛中龙、海政歌舞团演奏员郑小伟、北京晚报记者过士行、中国电影家协会摄影师郭传宝。

丙队队员是：北京电影制片厂编剧葛康同、北京电影制片厂编剧李洪洲、总政文工团演奏员于华臣、中央民族学院教授宋承宪、中央芭蕾舞团演奏员孙宝琪、中央芭蕾舞团工作人员邢玉强。

我作为团长，对弈者是日方团长——作家中野孝次[①]。那盘棋我以较大优势取得了胜利。赛后，中野孝次送给我一本他在日本出版的小说《麦子熟了的日子》。

第二次中日文艺界围棋友好赛是在 1987 年 5 月，那次我方团长是作家陆石，我担任副团长。在与日本文艺评论家白川正芳（业余 5 段）对弈中，我获胜。

此后，日本文化界围棋选手又数次组团访华，从 20 世纪 80 年代直到 21 世纪初期，在我的记录中就达 15 次之多，分别是：

1988 年 10 月 第三次

1989 年 10 月 第四次

1990 年 10 月 第五次

1991 年 11 月 第六次

1992 年 10 月 第七次

1993 年 10 月 第八次

1994 年 10 月 第九次

1995 年 10 月 第十次

1996 年 10 月 第十一次

1997 年 10 月 第十二次

1998 年 10 月 第十三次

1999 年 10 月 第十四次

---

① 中野孝次，1925 年生，日本千叶县人，毕业于东京大学文学部德语专业，曾为国学院大学教授，在小说、评论、随笔、翻译等多个领域都有建树，其《清贫思想》（上海三联出版社 1997 年版）等书曾被翻译成中文。

2001 年 10 月 第十五次

到了 20 世纪末，首都文艺界围棋联谊会的活动有所减少，加上协会本身没有收入，接待日方代表团有些困难，很多活动就由国家围棋队出面组织。然而，一方是专业棋手，一方是业余棋手，感觉不太对等，后来日方访华的活动就停了下来。

值得一提的是，在 1993 年的秋天，日本文化界围棋代表团第八次访华时，日方的名誉顾问是吴清源[①]大师，其夫人吴和子也一同前来。念及师生情谊，组委会特意派出吴大师的弟子——女棋手芮乃伟[②]九段担任我方顾问。

这次日方代表团规模较大，共有 22 人之众。我受组委会指派，从北京一路至成都、武汉、南京、上海，全程陪同日本客人们。此前访日时，我曾去吴大师家拜访，与他有过一面之缘，此番宾主位置转换，行程中谈天说地，甚是融洽。

日本文化界围棋代表团一行人到达上海棋院后，上海棋院院长胡荣华提出请吴大师为棋院题字，吴大师慨然应允，为上海棋院留下了墨宝。我在一旁看吴大师挥毫，觉得这真是千载难逢的机会，便鼓足勇气请他为我

① 吴清源，著名围棋大师，1914 年出生于福建福州，日籍华人。因为在十番棋擂台赛上击败了当时所有的超一流高手，被称为“昭和棋圣”。一生雄踞“天下第一”的无冕王位，提出了新布局思想以及以大雪崩内拐为代表的“吴清源定式”，晚年又将精力放在了提携后进、促进围棋国际化和中国围棋的发展上，更以毕生之体悟，融会古老的中华文化，提出 21 世纪的围棋要旨——六合之棋。

② 芮乃伟，1963 年生于上海，中国围棋女国手，世界围棋历史上第一个女子九段棋手，多次获世界女子围棋冠军。1986—1989 年，蝉联四届全国围棋个人赛女子组冠军。1990 年远赴日本。1993 年，在日本拜吴清源先生为师。

我与世界女子围棋冠军芮乃伟

吴清源大师（右三）与夫人吴和子（右二）

赐字留念。吴大师含笑答应，当场为我写下“通幽”二字。上海棋院的几位棋手在一旁无比羡慕地说:“能请吴大师题字，这是多少人梦寐以求的事。您真是太幸运了！”

吴大师访华时没有带名章，所以只是签了名。我觉得有些美中不足，后来便请中日友协的朋友赴日时将这幅字带往吴府，由吴大师补上了名章。

这幅字，现在就挂在我家的客厅里，成为20世纪90年代中日文艺界围棋爱好者友好往来的见证。

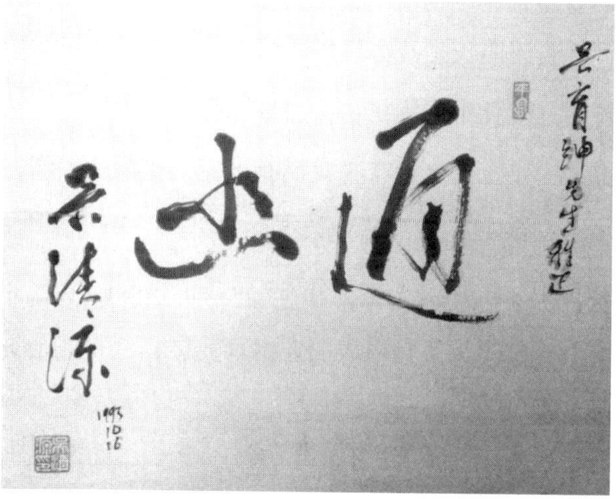

吴清源大师为我题字“通幽”

中日文艺界围棋交流（下）

在日本文化界围棋代表团五次访华之后，中国首都文艺界围棋联谊会应日方邀请于 1991 年秋首次访日。

这次访日代表团团长是我方围棋联谊会会长——儿童文学作家严文井先生，特邀顾问是时任中国围棋协会主席陈祖德。团员有作家李洪洲、葛康同，这二位是中日合拍电影《一盘没有下完的棋》的编剧，我则作为音乐界的代表入选，我们三人都是业余 5 段。第四位团员是电影导演许雷，所导演的电影《陌生的朋友》曾获第 33 届西柏林国际电影节特别奖，他是业余 2 段。第五位团员是相声表演艺术家姜昆，他是业余 1 段。秘书兼翻译则是中国国际体育旅游公司探险部经理白兆雄先生。

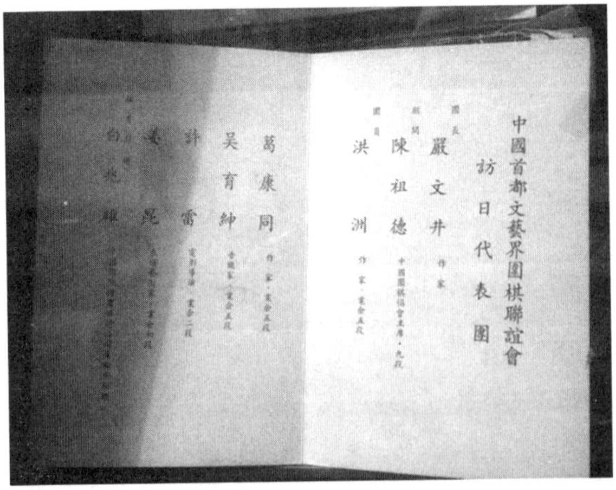

中国首都文艺界围棋联谊会访日代表团名单

在出访日本的行程中，第一站是东京，我们入住后乐宾馆。比赛时，和我弈棋的棋手依然是日方第二次访华时我的对手——业余 5 段白川正芳，我再次战胜了他。

在日本东京棋院，我荣幸地接受了日本超一流九段武宫正树授五子的指导棋。当时围观者众多，他们不时发出阵阵笑声，因为在武宫九段下完一步棋时，我总会用日语说一句“哦，是这样”“我明白，这招很厉害”。事后，这盘对局刊登在了 1992 年 1 月的《棋道》月刊上，记者大岛正雄在标题上写道“中国音乐家吴育绅先生用盘外招[①]战胜了宇宙流超一流九段武宫正树先生”。应该说，这盘棋是我多年来在围棋方面进步过程的最好见证。

在东京时，我方代表团还专门到围棋大师吴清源家拜访。吴大师的夫人吴和子是位日本女士，很贤惠，彬彬有礼，以茶相待，大家都有宾至如归之感。

在离开东京的前一天晚上，我的留日小提琴学生缪宇凡特意开车带我游车河，看东京最繁华的夜景。我们边赏景边聊天，一直到天亮才回宾馆。

早餐后，日本接待人员开车送我们去第二站名古屋。车离开后乐宾馆不一会儿，陪同我们的中日文化交流协会事务局局长助理中野晓先生在车上接到一个电话。挂断电话后，他告诉我：“您有一把雨伞落在宾馆里了。宾馆方面问询下一站下榻何处，他们已经把雨伞送往您今晚住的房间了，请您放心。”这把伞是宇凡送给我的，很漂亮，我非常喜欢，结果走得匆

① 围棋术语，也写作“盘外着”，是指围棋中的非竞技因素，如各种小动作、口中嘟囔的一些话，也即利用心理战来干扰对方。世界一流棋手的盘外招五花八门，如曹薰铉喜欢下棋时哼唱小调，李昌镐有一次处于劣势时竟然把棋子翻面摆放。而据记载，和我对弈的武宫正树惯用的手段是大幅度摇头和敲击脑袋。

我在日本棋院与超一流棋士武宫正树合影（1991 年 7 月 1 日）

我正在与武宫正树弈棋（1991 年 7 月 1 日）

首都文艺界围棋联谊会访日代表团到东京吴清源大师家拜会（1991 年 6 月）

忙，忘记带上车了。我当即表示感谢，同时也对日本宾馆高效贴心的服务感到由衷的佩服。

我们访日的第三站是京都古城。

在第四站大阪，发生了这样一件事：

在关西棋院，我们到棋院创立者之一藤田梧郎的别墅弈棋，那是一栋很漂亮的日式住宅。对弈结束后，我和姜昆先到屋外休息，坐在路边的木椅上聊天。过了一会儿，日本朋友请我们回屋合影，姜昆大概觉得不过是拍张照片的工夫嘛，便顺手把他的皮包放在木椅上了。没想到进屋之后，热情的主人给我们设计了各种组合，拍了很久。这时，姜昆忽然想起来他的皮包还在外面的木椅上，大惊。陪同我们的中野晓了解情况后告诉姜昆："请放心，放在外边的任何东西都不会丢失的。"当时我也非常着急，因为我的护照放在他的包里。我和姜昆赶忙出去寻找，果然皮包还原封不动地在原处。我俩长出了一口气，这才踏实了。没有想到，古人所谓的“路不拾遗”，居然在东瀛让我们亲身感受到了。

还是在大阪时，日方有一位专业六段女棋手芦田矶子（婚后随夫姓改称“龙口矶子”）希望与我下一盘棋，我向团长提出是否换一位中方棋手出战，让大家都有与专业棋手对弈的机会，但严文井团长说：“人家明确提出要与你对弈，还是你下吧。”那盘棋芦田矶子授我四子，在前一阶段的布局过程中，她经常摇头，表示授四子不好下。其实这里面有个缘由，我在东京与武宫正树下过指导棋，复盘时，武宫先生专门给我讲了授子棋的布局要点。那次上课对我的帮助很大，而且记忆犹新，在与芦田矶子对弈时，我基本上是按武宫先生教的路数来落子。然而过了中盘，芦田矶子再也不摇头了，最终我落败。这盘对局刊登在日本专业报纸《天狗》第 37—

我与姜昆在日本

38 期上。

此次访日从东京开始，到最后一站大阪，共 12 日。每站与日本棋手下完棋回到宾馆后，姜昆都要到我的房间下一盘棋，每盘棋都是我授他四子，他一直是败绩。离开日本前最后一站的对局中，姜昆终于赢了，他十分高兴地说："怎么样，我有进步吧？"他哪里知道，我是与他下了一盘朋友棋，不能让他扫兴啊。

日本文化界围棋代表团访华多达 15 次，而中方的回访仅此一次。说来惭愧，日方代表团来华，所有的费用全部自理。而 20 世纪 90 年代初期，我们这些工薪阶层的围棋爱好者，尚无实力支付出国旅行的种种开销。日方了解这些情况，所以那次访日的全部费用都是由日本方面承担的。但这样做总归让人觉得不好意思，所以日方再邀请时，我们便婉言谢绝了。

于是，1991 年的那次访日活动，就成了我们首都文艺界围棋联谊会唯一的一次出访。

“棋圣”聂卫平

说起来，我跟聂卫平有过一些交往。

我第一次见聂卫平是在我家里。那是 20 世纪 70 年代初期，我因在“文化大革命”中“站错队”而不被信任，思想上比较苦闷。有一天晚上九点多钟，忽然传来了敲门声。那个时候大家休息得都比较早，一般有紧急的事情才会晚上来访，我忐忑不安地开了门，一看，外面昏暗的灯光下站着两个年轻人，有一位我认识，是以前北京棋队的李庄，还有一位只是看着面熟。这时候，李庄开口说：“吴老师，这是聂卫平，他从北大荒回北京探亲，专门来找你，想跟你下盘棋。”

我与聂卫平

聂卫平很客气地跟我寒暄了几句，随手递给我一支中华香烟。虽然在那之前我没有见过聂卫平，但他的名字我已经听说过很多次了。传说中他是位围棋神童，10 岁就拿过北京少年围棋赛冠军，后来还得过全国少儿围棋赛冠军。以往大家说起聂卫平来，都管他叫“大聂”。我没有想到的是，他的个子并不高大，穿着军大衣和长筒靴子，一副当时社会上高干子弟的打扮。

当时我家的情况是这样的——老薛从辽宁来探亲，我们一家三口挤在一间 10 多平方米的小屋子里，而且大人孩子都已经睡下了。就那么个条件，根本没法跟大聂下盘棋。另外，我也知道自己的棋力，跟大聂完全不是一个水平的，于是我说：“大聂啊，你来找我下棋，我很高兴，可是咱俩的水平确实相差太多，对局也难以尽兴。再说今天也有点晚了，要不改日再来家里坐吧。”

就这样，我把他们俩送到了楼下。我看得出，大聂是满心遗憾的。他当时在北大荒实在是找不到能够对弈的人，趁着回北京的机会遍访名家切磋棋艺，最后连我这样的业余棋手都不放过，他对围棋真是痴迷啊！

我与大聂的第二次见面是在 1983 年的首都文艺界百花奖围棋邀请赛上，那时他早已结束知青生涯回到了北京。

聂卫平在下围棋

那期间，我对大聂的情况有所耳闻。早在 1973 年中国棋院重建的时候，他就入选了 30 人的围棋集训队，之后他的战绩辉煌，锐不可当，从 1975 年起 5 次称霸全国。不仅如此，那一时期国内的大部分棋赛冠军也都被他一人包揽，因而中国围棋界一般将 1975 年至 1979 年称为“聂卫平时代”。1976 年，在中日围棋对抗赛中，率团访日的大聂战胜了日本超一流选手石田芳夫九段，以 6 胜 1 负的成绩被当时的围棋强国日本称为“聂旋风”。

在百花奖围棋邀请赛的闭幕式前，大聂曾授四子与我下了一盘指导棋，遗憾的是那盘棋没有下完。

首都文艺界百花奖围棋邀请赛的闭幕式非常隆重，所颁发的奖品也非常有特色，全部是书画大家的作品，其中有启功先生的丹朱兰花、董寿平先生的墨竹、刘继卣先生的柳蝉、黄胄先生的驴和范曾先生的弈秋课徒图。大聂看到那些精美的画作，不无羡慕地说：“什么时候我们的全国比赛也能颁发这么有分量的奖品就好了。”

我跟大聂的第三次碰面是在 20 世纪 90 年代了，那时候的他已经被尊称为“聂棋圣”，声望如日中天。究其原因，是因为他在举国瞩目的中日围棋擂台赛中连任中国队主将，为战胜日本队立下了奇功。1985 年至 1987 年，中国队对日三连胜，甚至一度在国内引发了学围棋的热潮，一批青少年投身其中，这其中就包括后来成长为一流棋手的常昊、周鹤洋和罗洗河。

大聂不仅在中国成了英雄人物，在日本也有着相当大的影响力。我的学生缪宇凡于 20 世纪 80 年代去了日本一家商行工作，他的老板铃木先生酷爱围棋，而且有一个夙愿，就是想跟“聂棋圣”下一盘棋。

有一次，铃木先生来到北京，下榻于离中央芭蕾舞团不远的北纬饭店。宇凡知道我与大聂相识，便恳请我帮这个忙。我答应了，并给大聂打电话约好了时间。

那一天，铃木先生特意派了一辆三排座的豪华奔驰去接大聂夫妇。当时大聂刚刚与第二位夫人王静结为连理，王静毕业于解放军艺术学院，而我当时正好在那里兼课，所以跟她见过几面。见面时，铃木先生深鞠一躬，以日语问候，大聂也用流利的日语作答。之后，二人便开始了对弈。

此前大聂曾问过我这盘棋怎么下，我回答说：“授七子吧。我已经跟他对弈过，他的棋力比我稍逊一筹。”那盘棋从第一手直到收官的整个过程，宇凡都录了像，最后大聂毫无悬念地取得了胜利，但铃木先生没有一点沮丧之意，而是连声道谢，然后邀请我们一起去享用日本料理。看来铃木先生早已做过功课，知道“聂棋圣”喜欢日餐，尤喜生鱼片，所以席间各色刺身络绎不绝，宾主觥筹交错，大快朵颐。

餐毕，铃木先生拿出一个信封，很有礼貌地交给了王静，并且再次致谢。那时候，国内围棋界已经有了高手指导费的观念。大聂在担任国家围棋队队长的时候就曾经说过：“从现在起，专业五段以上的棋手与业余棋手下指导棋，要收1000元的指导费。”事后，我得知铃木先生付了10万日元，按照当时的汇率约合8000元人民币。这样看来，铃木先生是按照日本国内九段棋手的酬劳标准支付了指导费。

刘文龙与卜大炜

刘文龙是我的围棋老师，也是曾获国际象棋全国冠军的刘文哲的胞弟。在“文化大革命”期间，我是“站错队”一派的成员，虽然在被隔离审查八个月之后恢复了工作，然而那种犯过错误的自卑、郁闷仍在我内心中挥之不去。刘文哲知道后，就派自己的弟弟刘文龙时常来团里看我，陪我聊聊天、下下棋，帮我排遣寂寞。

刘文龙人称小龙，人很聪明，略有内向，我们一家人都很喜欢他。他读书很多，来我家聊天的内容之一是外国文学，聊天对象当然是老薛。他的围棋水平也很不一般，曾获得北京市冠军。在与他的对弈中，我收获甚多。比如，最为重要的是要有大局观，布局阶段要占大场，点面结合；应该多研究日本超一流九段武宫正树的“宇宙流”；学到了“小飞挂”“大压梁”以及“边上二路扳打劫活角”等技巧。记得在 20 世纪 70 年代初北京棋院举办的首次围棋段位定段赛中，小龙打到了最高段位五段，我也顺利获得业余初段。那次比赛是在鼓楼进行的，我仅差一局就能打进业余 2 段了，现在想起来尤觉可惜。

小龙是一位好老师，可我却算不上是个好学生。这么多年来，我有幸与国手陈祖德、聂卫平、吴淞笙、王汝南、华以刚以及日本棋手芦田矶子等对弈，遗憾的是均尝败绩。不过，这些败绩也可能与这些高手都十分客气地只授我四子有关。这一点说起来还有个缘由——当年在日本，武宫正树先生授五子我侥幸获胜后，中国棋院院长陈祖德半开玩笑地对大家说："超一流棋手武宫授吴育绅五子可是输了，以后咱们这里谁跟他下指导棋最多只能授四子啊。"

小龙中学毕业后没有上山下乡，而是想办法留在了北京，进入街道工厂当了一名工人。有一次，他在操作机器时出了事故，被轧断了两根手指。后来，他被招入北京棋队，成为一名专业棋手。由于他一手有残，不喜示人，便揣在兜里，比赛时只用一只手走子和按计时表。有一次，日方围棋代表团来访，北京棋院的领导考虑到外事形象，就没有安排小龙上场。这件事深深地刺激了小龙，不久他就离开北京围棋队，到中国海洋石化总公司办公室工作了。

小龙是北京老四中的学生，加之家学渊源，文化功底很扎实，不仅通读名著，对音乐也很喜爱，听过很多唱片。记得"文化大革命"之后，有一次我请他到天桥剧场看《天鹅湖》，演出结束后他对我和老薛说："你们演出的这个版本应该不是全版吧，一定做了删节。"我和老薛都颇不以为然，对他说："小龙啊小龙，这个戏可是当年苏联专家给排的，这么多年没变过。音乐是柴可夫斯基家乡人带来的总谱，咋会不全？你才看过几场《天鹅湖》？我们都演过那么多场了，一定是你记错了。"小龙肯定地说："不会。我听过圣彼得堡芭蕾舞团演出的实况唱片，绝对有的音乐段落你们没有。"后来又过了好多年，小龙的说法得到了证实，这令我十分惊诧，他的记忆力真是太好了。

"文化大革命"期间，小龙介绍了一位他在四中的同学来我这里学琴，这位同学就是卜大炜。

卜大炜一开始学的是小提琴，第一课演奏的是《开赛练习曲》，水平很初级。我问了问他的打算，是想学着玩，还是想专业干这一行。卜大炜表示，希望能做一名专业的演奏员。经过几个月的学习，他的琴拉得有模有样了，我便建议他改学中提琴。因为他身材厚实，性格沉稳，中提琴这一乐器更适合他。他自我调整的过程很快，不久即可演奏斯坦米兹 D 大调协奏曲和弗尔赛特 g 小调协奏曲了。

过了两年，卜大炜考入北京京剧团。原本京剧的伴奏都是民族乐器，但当时排样板戏讲究的是洋为中用，所以也有一些西洋乐器参与其中。此后，他通过刻苦努力，又考入了中央歌剧院交响乐团。

卜大炜出身书香门第，其父是一位资深的建筑工程师，年纪长我几岁。有一次，卜大炜的父亲提出要来我家拜访，我为如何称呼他大费脑筋。叫老卜？不够尊重。卜大哥？又有点太江湖。最后还是老薛出了个主意，说就称呼他卜先生吧。要知道，当时是“文化大革命”时期，“先生”这个词说起来是十分陌生的，然而不得不承认，它也是最恰当的。

卜大炜

卜大炜在知识分子家庭中长大，又是重点中学老三届的学生，有着自觉的学习习惯，即使在动乱的年代也没有放弃学习，其最为突出的是文学和外语。前几年，卜大炜就已经是国家一级演奏员了，但是他调入国家交响乐团之后就基本不参加演奏了，而是转为担任乐团团长关峡的助理，撰写了大量乐评文章，同时做了一些音乐理论方面的工作。

我至今仍保留着卜大炜送给我的几本译著，有《索尔蒂[①]回忆录》《斯特恩[②]回忆录》、他与儿子卜迪扬共同翻译的《德瓦夏克到艾灵顿公爵》以及日本小提琴教育家铃木镇一博士所著的《少年儿童的天才教育及其方法》等。前两本译著均由中央音乐学院院长吴祖强先生作序，可见其价值非同一般。

卜大炜的译著

---

① 乔治·索尔蒂（1912—1997），英籍匈牙利指挥家，当代著名的歌剧和交响乐指挥大师。

② 艾萨克·斯特恩（1920—2001），出生于俄国的犹太后裔，10 岁时举行首场个人小提琴独奏音乐会，15 岁以后便开始了职业音乐家生涯，是 20 世纪最杰出的小提琴家之一。

赵玉生与武兆宁

一直以来，中央芭蕾舞团的编制建构主要分成四块，演员队、乐队、舞工队（不是敌后武工队，是舞台工作队，包括灯光、置景、装卸台的工作人员等）和行政后勤（包括各级领导以及食堂、司机班、锅炉房的工作人员，以前还有道具车间和制鞋车间等的工作人员）。

我跟其他部门的人交往不是很多，认识的人主要是棋友。我在其他篇章中介绍过，中芭的围棋可用“蔚然成风”来形容。演员队当中，水平比较高的有赵玉生和武兆宁。

赵玉生是沈阳人，而且特别巧的是，小时候我们还住在一个胡同里。他那时候喜欢唱一首山西民歌，里面有一句词“我的那个名字就叫二马虎”，“小蹦豆”（芭蕾大师张纯增）就给他起了个外号叫“二马虎”，又叫“小马虎”。

赵玉生是北京舞蹈学校 1965 年的毕业生，在业务上不甚精进，演过的比较有名的好像也就是《杜鹃山》里面的反派角色毒蛇胆了。别看赵玉生在舞台上只是个群众演员，可是在中芭的棋坛上却声名显赫。当年，在首都文艺界百花奖围棋邀请赛上，他战胜了比他水平略高一筹、当时是业余 2 段的总政文工团的于华臣，获得了第三名的好成绩。那一届比赛，奖品都是当代画坛名家之作，赵玉生得到的画是一幅云南美术协会主席袁晓岑的孔雀，捧着那幅画，他笑得眼睛都眯成一条缝了。

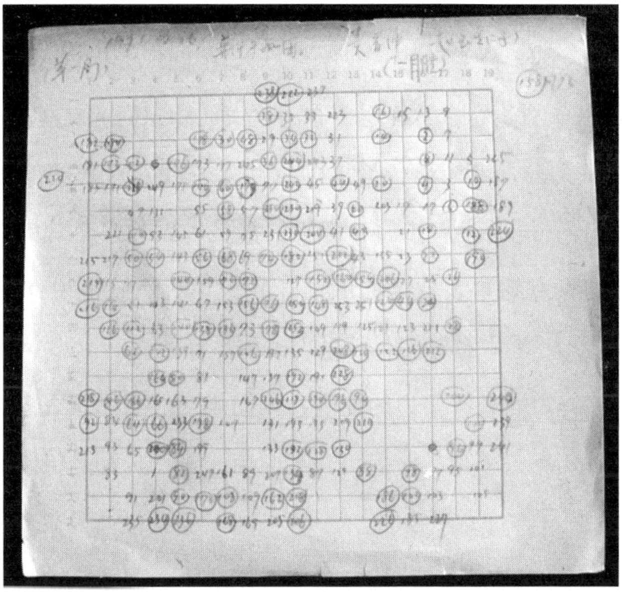

我与赵玉生的对局记录

赵玉生的太太叫吴安妮，是生于香港的广东人。吴安妮从小在学校过集体生活，性格率真单纯，我跟老薛都很喜欢她，觉得他俩一南一北的结合挺好。那时候他俩谈恋爱，到陶然亭公园闲逛，还常常带上小中一起玩。

舞蹈演员的艺术生命是短暂的，当人到中年以后，不得不考虑今后的事业走向。能够转型担任教员和编导的毕竟是少数，很多人都要自谋出路，但因为他们的大好青春都献给了舞蹈，没有其他的一技之长，有些人便去社会上开办业余舞蹈班，有些人则尝试去经商，总之是很残酷的。

赵玉生做了一个奇怪的选择，他因为常与团里司机班的人一起下棋，跟他们混得很熟，干脆就转行当司机了。每次见到他煞有介事地戴上白手套，开着大客车接送我们时，我心里总有种说不出的滋味。

1984 年，赵玉生两口子移居香港了。后来，便断断续续地听到他们的消息——安妮在教小孩跳舞，“小马虎”试着跟人合伙做生意……两人关系不大好，冷战，离婚……“小马虎”又结婚了，生了一对双胞胎……“小马虎”做铁矿石生意，常往返于香港、大陆和东南亚之间……

我们团多次去香港演出，最早的时候，香港人对我们的态度可以用“轻蔑”来形容，进商店买东西，售货员都是一副爱答不理的嘴脸。我见到赵玉生后，说起这事，他当时的话让我记忆犹新。他说：“在这儿，英镑、美元、日元、港币都好使，就是人民币不好使。”

后来，随着大陆经济实力的提高，我们能明显感受到香港人对我们态度的变化。后几次去香港的时候，一进商店，售货员都是笑脸相迎，直接用普通话来交流了。

记得 2012 年去香港，赵玉生到宾馆来看我，随手递给我 1000 元港币，让我给小中买件衣服。那次正好团里还没发餐费，我就用那钱请我们中提琴声部的 6 个人吃了一顿饭。

我发现，人老了以后，对年轻时的朋友就更加珍惜了。现在，“小马虎”每星期都要给我打个电话聊聊天，有时候来北京办事就住在我家里。

武兆宁是中国芭蕾史上赫赫有名的人物，他的台风潇洒飘逸，被称为中国少有的极有个性的男舞蹈演员。他是 1961 年毕业的，次年就出演了芭蕾舞剧《巴黎圣母院》中的男主角费勃，并且一跳成名，而那时我还没有到中芭工作。到了 1964 年，排演《红色娘子军》的时候，他与刘庆棠一起饰演洪常青（AB 角），“武兆宁版的洪常青”成了一个专业词汇，也成了当时全国人民心中的美好记忆。

武兆宁版的洪常青

20世纪60年代初，一批舞剧编导专业的青年才俊从苏联学成归来，其中就有作家丁玲的女儿蒋祖慧。蒋祖慧是《巴黎圣母院》的导演，武兆宁是主演，两人在排练中暗生情愫，结为连理，可算天作之合。

1964年，我参加全国棋类比赛后，接触并喜欢上了围棋，而且认识了陈祖德、华以刚、吴淞笙、王汝南等一批国手。后来，这些人入选国家围棋集训队来到了北京，我便常常骑车去找他们玩。那时候，团里有些年轻人星期天没什么事，就跟我一起去，这些人后来就成了中芭围棋力量的基础，这其中就有武兆宁。

最开始，国手们授九子，我们中间没有一个人能获胜，但慢慢地，大家都有了提高。武兆宁是其中进步很快的，他下棋跟他跳舞一样，很大气，他喜欢武宫正树的“宇宙流”，追求大模样。一开始，我们俩的棋力差距大概是四子，后来我就只能授他两子了。

1966年“文化大革命”开始了，在这一场浩劫中，武兆宁的个人生活也遭受了劫难，原因是江青勒令他与妻子蒋祖慧“划清界限”。后来，他又与团里一位舞蹈演员结婚，并有了一对双胞胎女儿。但他好像并不开心，常常喝得大醉，有时候到我宿舍下棋，一下就下到半夜。

1981年，团里排演《祝福》，武兆宁出演贺老六，那是他在舞台上最后的光彩，他把贺老六的内心世界表现得异常丰富传神。在我的印象当

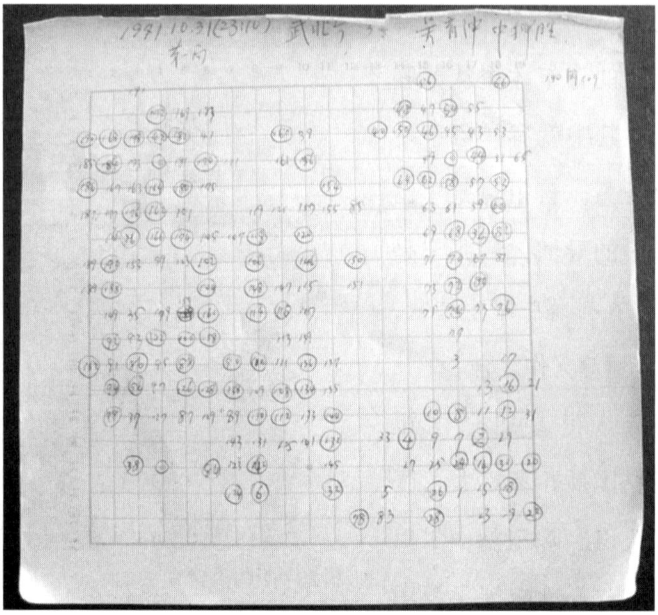

我与武兆宁的对局记录

中，武兆宁并不是一个用功的人，日常排练也是差不多就行，但上了台，他就变成了另外一个人。“艺术家不是匠人，不需要每日死板地做功课。”聊天的时候，武兆宁这样说过。

《祝福》在纪念鲁迅诞生 100 周年时公演，获得了极大的成功。但在演出告一段落后，武兆宁又开始酗酒，甚至酒后闹事造成严重的家庭矛盾冲突。1988 年，武兆宁的第二任妻子与其离婚，并得到了一对女儿的抚养权。

演员队里有一些老同志是这样认为的：在年纪大了，必须要离开舞台时，老武的心态一直没有转过来，没有为自己找到合适的定位。而在另一些了解武兆宁的人看来，他在被迫与蒋祖慧离婚以及事业上有诸多不顺遂之后，开始借酒消愁，常常以酒代饭，结果喝出一身风痹症状，元气大伤。

1997 年，武兆宁得了罕见的免疫力衰退症，需要靠激素来控制病情。到了 2008 年，他不得不搬到昌平百善乡东沙屯的“百善老人康乐园”生活，因为全身肌肉都被激素打垮，他逐渐丧失了行走能力，只能终日卧床。

武兆宁文采出众，病中写了很多诗篇，在这里摘抄一首：

病榻吟

孤灯残影忆旧梦，未曾倾力气吞虹。
久经病魔偎僵榻，每邀酒神饮对空。
一生一世一过客，半人半仙半鬼雄。
来日驾鹤归陶然，逗笑鱼儿舞芭丛。

作者注：陶然指陶然亭公园。北京舞校原址紧傍此公园，故对此地有念归之情，尤其是那片净水，时不时地在梦中荡漾。

2012 年 8 月 12 日，武兆宁去世。得知这个消息后，我特别难过。又一位认识 50 年的老朋友走了。那天他的追悼会，中芭乐队只有我和姜克去了。武兆宁并没有像他的诗里写的那样，把骨灰埋在陶然亭，而是将遗体捐献给了医学事业。

网上下棋

我接触电脑比较晚，主要是觉得这种高科技的东西我用不上。大概在十年前吧，我才有了第一台电脑并学着上网。让我下决心用电脑的原因是小中对我说，可以在网上下棋。

小中说，网络是个好东西，不管你在什么时间、什么地点，联上网就会有人陪你玩，你再也不用担心找不到人对弈。

真的吗？这我倒是想试试了。结果一试不可收拾，现在网上下棋已成为我生活里重要的内容。

我查了一下，我最早上网是在 2006 年 10 月 22 日，那是个星期天。在网络上最早跟我下棋的一些人是：燕山桔隐踪、书中仙、雄辩杀手、东篱处塚、焦油含量、仙界一个兵、龙盘居士、晴天一星、白垩纪杀手、天堂音乐、小黑乌鸦……还有一些干脆就是英文字母和数字，什么 siss、zd157888、tango、F9898988……

我当时的第一感觉是，这些人的名字好怪啊！总是弄得我一头雾水。

小中对我说，这些都不是真名，在网上谁也不知道你是谁，你甚至不知道在那一边坐着跟你下棋的是不是一条狗。

这真有点胡说八道了，狗能下棋吗？

小中说你也得起个好记的名字，于是帮我起了“武宫歪树”“老竹英雄”两个名字，后来我又自己起名叫作“老土007”和“无阿拉阿拉”。

最初我注册的是联众世界，后来又去过清风围棋和TOM围棋。除了围棋，偶尔也下中国象棋和国际象棋。那时候，我已经深深地感受到在网络上弈棋的便利了——不管什么时候，哪怕是大年三十晚上吃完了年夜饭，你进到大厅里，依然是高朋满座，有很多人陪你玩，你可以在鞭炮声里与来自五湖四海素不相识的人对弈，直至天明。

我在网上的表现比在现实中稍微差了一些，发挥正常基本是在业余3段的样子，偶尔会晋升到4段，但椅子还没有坐热呢又被降回3段，成绩特别差的时候还会被打到1段，甚至1级……还好，我的心态不错，胜败乃兵家常事，成绩不太往心里去。

真正让我不开心的是网上有一些人下棋耍赖，已经是明显败局，可就是不肯认输，一直要下到把盘面摆满、无处落子方肯罢休，这不是耽误时间嘛。这时候我会叫网管来仲裁处理，可有时候网管忙不过来，呼叫多次无人理睬，我一生气干脆就不下了，我自己认输总行了吧？

对于这样的棋手，我真的想不通。下棋这件事有人说它是智慧体操，是数学逻辑学的综合应用，是对智商的考量。我觉得它也是一个人综合素养的展现，包括大局观、胜负观、情商等。从另一个角度说，咱们都是业余棋手，下棋不就是为了开心、为了找乐吗？那你在棋盘上耍赖，就算侥幸赢了一局，真的能够开心？

在网上下棋，能遇到各种各样的人，耍赖的是极少数。在与我对弈的棋手中还有不少韩国人，他们的棋品很好，很规矩，很谦和。现在我已经深深体会到了小中当时说的，网上的棋手你确实不知道他是谁，他在哪里，没准在万里之外，也可能就是你的邻居。

我听说聂卫平这样的国手还会偶尔到网上溜达一圈，手痒痒了也会随便找人下上一两盘。我听到的一个最好玩的说法是，有一次大聂在网上跟人下棋，对手说："哎哟，你这棋厉害啊！你报个真名，你谁啊？"大聂说："不瞒你说，我是聂卫平。"对面的人发了个狂笑的表情，说："别扯了！你是聂卫平？我还吴清源呢！"

这十年来，我在网上对弈有几千盘了，却没有留下一盘能够让我回忆的棋局。这可能也是网络的特点，找人下棋太容易，有些随意，有些浮躁，缺乏仪式感。回想起以前，只要在棋桌上坐定，便是心静如水，"纹枰对坐征天下，守角据边无大忧"。虽然时间过去了很久，有些棋局盘面却深深地印在了脑海中，让我终生难忘。

随便说几局吧——

与刘文龙六段对弈，授四子指导棋，20 世纪 70 年代，中央芭蕾舞团，吴负。

与华以刚八段对弈，授六子指导棋，20 世纪 70 年代，中央芭蕾舞团，吴胜。

与聂卫平九段对弈，授四子指导棋，1983 年 8 月，百花奖围棋邀请赛，未完。

与业余 3 段作家中野孝次对弈，1985 年 9 月，北京，吴胜。

与业余 5 段评论家白川正芳对弈，1987 年 5 月，北京，吴胜。

与王汝南八段对弈，授四子指导棋，1989 年 12 月，"大碗茶杯"围棋赛，吴负。

与陈祖德九段对弈，授五子指导棋，1991 年 9 月，访日期间，吴胜。

与武宫正树十段对弈，授五子指导棋，1991 年 9 月，日本棋院，吴胜。

与芦田矶子六段对弈，授四子指导棋，1991 年 9 月，日本大阪，吴负。

与业余 4 段冯允瑜对弈，1993 年，贵阳”教授名人杯“围棋赛，吴胜。

后记一

也说说我老爸

在2017年秋高气爽的日子里，老爸这本《琴棋春秋》终于出版了。从他在稿纸上写下第一个字到现在，已经过去4年半了。

2007年3月，我妈妈在与胰腺癌顽强搏斗了5个月之后离开了我们。老爸很落寞，我很担心。我想，让他动笔写写过去的事情，回想一些人和事，特别是一生中的开花时节，也许能成为他晚年生活的一个心理寄托。

应该说，我是老爸写作的积极倡导者和持续督促者，也是文章的第一读者。我一边读，一边帮助他做一些文字梳理订正工作，然后就在我的博客上连载。

我注意到，随着时代的发展，与大历史、公众史并列的，开始有个人史的地位了。有一种说法，大历史书写与小历史书写是互补的。只有关注到了普通公民个体的历史，我们才有可能完成内涵更丰富的国家史的宏大叙事。

通过阅读老爸朴素的文字，一个人、一个家庭的历史片段，逐渐展开在我面前。在时光轮辐的飞转中，往事点点滴滴从心头涌起。

我爸妈都是音乐工作者，所以我从小就是那种在乐队的排练声中做作业，看芭蕾舞比动画片还多的孩子。小时候并不以为意，长大后才明白这种环境带给了我什么，那就是在懵懂中感知过艺术的美好，相当于开了一双天眼，懂得生活中除了世俗的成功概念之外，还有其他值得欣赏和期待的东西。感谢上天让我出生在这样的家庭里，感谢家中轻松而互相尊重的气氛，感谢他们的价值观影响了我，让我成为一个简单的，不世故的人。

说起我爸和我妈的音乐生涯，我有一个感受，那就是选对专业是多么重要。我妈从小学习刻苦，毕业那年是沈阳音乐学院小提琴专业成绩最好的学生。而我爸呢，据说啊——据我妈说——不够刻苦，迷恋下棋就不说了，在学校还经常打乒乓球、滑冰……总之，一路玩着就把学业完成了。可是我爸的专业选得好啊，学中提琴的人本来就少，他又是国内第一批，结果一不留神，成了泰斗。我妈就没成泰斗，一辈子淹没在大海一样的小提琴手中，默默无闻。我妈妈是个多要强的人啊……

可惜，我和我弟都没有学音乐，两位音乐家的衣钵没有传下去。

2014年9月23日，《红色娘子军》首演50周年纪念演出在人民大会堂举行。老爸作为半个世纪前亲历过首演的乐队成员，被特意请回来参加演出。

在偌大的乐池里，只有两位老人是当年的见证者——我老爸和原中芭打击乐声部长王象荣叔叔。还有几位叔叔健在，但是有人身在海外，有人在医院里了……

那天晚上，还有一些老演员也参加了演出，比如74岁的万琪武叔叔，和差不多岁数的黄民暄、陈介义、曹志光叔叔。他们的名字都打在了侧方的屏幕上，每个人一出场就有热烈的掌声——演员和观众心里都清楚，他们以后可能不再有机会出现在舞台上了。

在熟悉的音乐中，我热泪盈眶，那是我从小听过无数遍的旋律。我知

老爸与原中芭打击乐声部长王象荣在《红色娘子军》首演 50 周年纪念演出活动中

《红色娘子军》首演 50 周年纪念册

道，这是老爸最后一次参加《红色娘子军》的演出了。

去年春天的时候，我的两位同事继松、田媛，和北京肿瘤医院的医生们共同策划了一个活动。他们计划让医务人员和患者一起，在医院完成一次“突如其来”的小型演出，也就是当下流行的“快闪”。

这件事的缘起是这样的——我的同事看到肿瘤医院里的患者都是垂头丧气的，空气仿佛都特别沉重，他们想，也许可以通过音乐来鼓舞大家的精神。

第一次排练的时候，我发现小乐队的弦乐比较弱。怎么办呢？我想，要是老爸能来参加就好了，他几个月前刚刚做完手术，是癌症康复患者，身份也合适。可是老爸退休后很宅，不愿意出门，对邀请他前来参与这个活动，我完全没有把握。

那天，我先试着给老爸播放了一段巴塞罗那银行门前的快闪，老爸看后觉得很棒。我赶紧说，那您想不想参加呢？老爸说，这不是国外的活动吗？我说，我们也要做一个这样的演出，您来吧。让我没有想到的是，老爸欣然应允。整整两个月，10 次排练，他一次都没有缺席。有了专业人员的加入，这个音乐快闪的效果就更理想了。

2016 年 6 月 14 日，数十位医生和患者如约在北京肿瘤医院的挂号大厅里演出了《茉莉花》和《欢乐颂》。138 人的志愿团队为此奉献了他们的爱心，大家分文不取，而且摄影师都是自带设备。录制的节目上线后，反响巨大，点击量过千万。我为能跟老爸共同参与这样一个有意义的活动而深感骄傲。

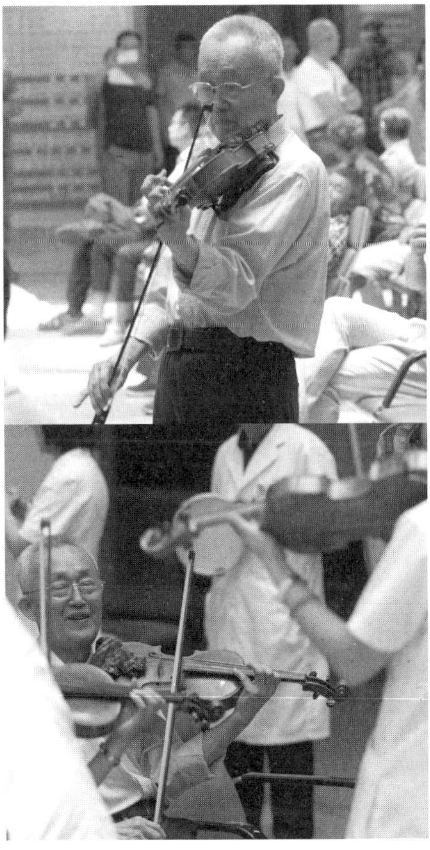

正在“快闪”的老爸

9 年前，老爸 70 岁生日前夕，我曾建议趁此机会召集一次聚会，邀请那些老学生们回来，像 20 世纪 70 年代的每个春节那样，大家凑在一起吃顿饭，之后再开个演奏会，每人拉一首曲子，多有意思啊……我在小范围内征求了一下意见，听到的人都很兴奋，纷纷表示要出钱出力，也有海外的学生说时间定了就飞回来帮着做组织工作……可是老爸却不太上心，他说，大伙都挺忙的，还是不要给他们添麻烦了吧。

感谢这本书的出版，让那么多久未谋面的旧友再度相逢。其实在我爸眼里，那些认识几十年的学生，早都是朋友了。大家能够在一本书中相聚，是一件奇妙而令人感慨的事。

老爸 70 岁那年，我写了一篇文章，结尾有两句话，今天找出来放在这里，也算我对《琴棋春秋》这本书出版的祝贺吧——

琴音袅袅　五线谱山远水远　一字雄心惜白发

棋风朗朗　四方城天大地大　两记妙手映黄昏

吴胜钟

2017 年 8 月

后记二

琴棋春秋

2015 年末尾的时候，我做了个手术，这也是我人生中第一次有这样的经历。我的乙状结肠上有一些病变，专家会诊后建议切除，于是就在 2015 年 12 月 28 日上午做了手术。

现在的医学发展真快，这样的一个手术也只是在腹部开几个小洞，通过微创可视方式，两个多小时就完成了。我的身体状况还不错，恢复得很快，手术后第二天我就能下地行走了。

为我手术的主刀医生是友谊医院的张忠涛院长，他有个绰号叫“一刀大师”，可见其医术了得。我住在友谊医院保健中心一病区 19 室，病区主任是李建设，病区组长是秦胜祺，主管医生是王国军，护士长是田丽、张惠，责任护士是李彦、高圆。这些人都很年轻，业务精熟，待人亲切，他们的名字我牢牢记在了心里。

2015 年 12 月 28 日中午，当我从麻醉中醒来，有了一些意识的时候，看到病房里人影散乱，我辨别出医生、护士和我的两个儿子，还有就是我住院 10 天来 24 小时在我身边陪护的保姆小梁。

小梁名叫梁华平，家在四川广元山里边。小梁很小的时候母亲就去世了，她小学都没有毕业就外出打工，辛辛苦苦把几个弟妹拉扯大。我们认识有十几年了。最初是在 1999 年的时候，小梁经人介绍来家里做小时工，老薛对她很满意。要知道，老薛是个要求很严的人，能得到她的首肯可不是件容易的事。2006 年秋冬时候，老薛患了重病，便跟小梁商量，请她来家里做全职保姆。把老薛送走后，小梁又留下来照顾我，这样算来在我家已有 10 年了。

我叫她小梁，其实她今年也已经 50 岁了。巧的是，她的父亲与我同岁，她又跟我的长子小中一般大。小梁的丈夫名叫温炳福，是个高中毕业生，在当地算是文化程度很高的了。高考的时候，小温只差了几分没有被录取，就在当地担任代课教师。前几年，小温也来到了北京，先是在地铁工地打工，后来做了环卫工人。

这对夫妻是新一代的农民，他们看到了外边世界的模样，更不甘心祖祖辈辈困在大山里。他们辛辛苦苦地打工，省吃俭用，终于把两个孩子都送进了大学，让他们接受了高等教育，这在他们的小山村里是绝无仅有的。对于他们这样的举动，我和老薛都特别支持。每到假期，孩子们来北京看望他们，所需要的往来路费、在京食宿、手机充值、买交通卡……我们都帮助解决，尽量减少他们的开销。

现在，小梁的两个孩子都大学毕业了，他们一家也在成都买了房子，他们的生活越来越好，让我看到了“知识改变命运”这句话的现实例子。小温和小梁是眼光长远的农民，没有让孩子初中毕业就去打工，去当小区保安和饭店服务员。从小处说，他们的努力让自己的孩子过上了更好的生活；从大处说，是为国家、为社会培养了有知识的劳动者。

我觉得小梁跟我家有缘，还因为她十分喜欢音乐。平时她就爱唱歌，这十几年来在我家，时常看到我和老薛给学生上课，耳濡目染，对小提琴也萌生了兴趣，提出要学琴。我觉得这是个好事，就去附近的海星琴行买了把普及琴，教她从初级教材起步，比如《霍曼》《铃木》，还有赵惟俭老师编的业余考级教程等。看来兴趣真的是最好的老师，虽然小梁开蒙时已经46岁了，也没有什么音乐基础，但是慢慢学下来，也能从一把位换到三把位，还学会了揉弦。

十几年下来，小梁两口子早已经跟我们成了一家人，他们俩喊我“老爹”。小梁每天为我做三餐饭，她的川菜手艺很不错呢！除了料理家务，她还会陪我去陶然亭公园散步。小温则常在休息日来家里陪我喝上一杯酒。他们的一双儿女也都跟我很熟，女儿温燕在2011年为他们添了一个外孙，孩子的名字是我给起的，叫庞树宇。

小梁除了在生活上照顾我之外，还制定了一些规矩，比如饮酒不能过量，吸烟每天不能超过5支……有时候小中回来，小梁会向他“告状”，说老爹抽烟又不节制。小中跟她的观点不太一致，小中认为，健康的首要因素是基因良好，其次是心情愉快，至于抽烟喝酒，那都不是什么大事，你看小平同志抽了一辈子烟不是也很长寿吗？小梁心里不服，当时嘴上也不再说，但是等小中走了，依旧会对我实行严格“管控”。只有一件事他们的立场是一致的，就是不让我去听什么健康讲座，不许往家里买那些保健品。他们说那都是骗人的，专门骗老年人。我有些纳闷，我真的就那么好骗吗？

我与小梁

我这次生病，原本没有太当回事，认为是旧疾复发，加之冬天寒冷我不喜出门，就不想去做检查。小梁十分重视，见劝说不动我，就给小中打电话。小中接到电话后马上回来，十分坚决地要我去做肠镜。检查结果出来之后，我又想着最好别开刀，能不能保守治疗啊？小中和小梁可不答应，他们雷厉风行地办理了住院手续，让我在最短时间内完成了手术。现在想想，这样的结果还真是多亏了他们的果断和坚持。

古人云：“人活七十古来稀。”我今年已经 78 岁了，在经历了这一次身体的病变之后，一些想法也更加清晰和豁达。回想这一生的经历，我想说，其实快乐和有钱、有地位都没有太大的关系，做自己喜欢的事，跟自己喜欢的人相守，便是最好的生活了。

可能我比较传统吧，我觉得人应该有一个立身之本，我从小就选择了音乐作为终生事业，从来都没有后悔过。同时，人也该有个爱好，比如我喜欢下棋，很多业余时间都花在了上面，当然，也就无暇去看山看水，去学习其他的技能了。可是有了它们——琴和棋，我这一辈子从来就没感觉过寂寞。

所以，这本胡乱写成的册子就叫《琴棋春秋》吧。

谢谢在我生活中出现过的亲人和朋友。

也谢谢你把它读完。

2017 年 1 月